Prüfungsvorbereitung Wirtschaftsmathematik

Analysis

Von

Prof. Dr. Udo Kamps

Prof. Dr. Erhard Cramer

Institut für Statistik und Wirtschaftsmathematik
RWTH Aachen

Dorothea Strauer

Institut für Mathematik
Universität Oldenburg

Dr. Wolfgang Herff

Institut für Statistik und Wirtschaftsmathematik
RWTH Aachen

R. Oldenbourg Verlag München Wien

Bibliografische Information Der Deutschen Bibliothek

Die Deutsche Bibliothek verzeichnet diese Publikation in der Deutschen Nationalbibliografie; detaillierte bibliografische Daten sind im Internet über <http://dnb.ddb.de> abrufbar.

Rosenheimer Straße 145, D-81671 München
Telefon: (089) 45051-0
www.oldenbourg-verlag.de

Gedruckt auf säure- und chlorfreiem Papier
Druck: Grafik+Druck, München
Bindung: R. Oldenbourg Graphische Betriebe Binderei GmbH

ISBN 3-486-57701-8

Vorwort

Dieses Buch dient der Vorbereitung auf die mündliche oder schriftliche Prüfung im Teilgebiet Analysis einer einführenden Veranstaltung zur Mathematik für Studierende der Wirtschaftswissenschaften. Es behandelt die Themen: Grundlagen, Folgen und Reihen, Funktionen einer Variablen, Differentiation und Kurvendiskussion, Integration sowie Funktionen mehrerer Variablen. Das Buch basiert auf Fragen und Aufgaben, die in Prüfungen an der RWTH Aachen und der Universität Oldenburg gestellt wurden. Für die Bearbeitung der Klausuraufgaben ist als Hilfsmittel ein Blatt (DIN A4) mit eigenhändigen Notizen vorgesehen; ein Taschenrechner wird nicht benötigt. Zur Verbesserung der Übersicht wurden themenübergreifende Aufgaben teilweise aufgeteilt und den einzelnen Kapiteln zugeordnet.

Der Aufbau des Buchs ist in jedem Kapitel identisch: In einer **Checkliste** haben Sie zunächst die Möglichkeit, Ihren Wissensstand einzuordnen. Durch spätere Aktualisierungen wird der jeweilige Kenntnisstand erfasst, sodass Problembereiche leicht erkannt und gezielt angegangen werden können. In **Fragen zum Verständnis** sind Sie aufgefordert, Ihr Wissen zu allgemeinen und speziellen Fragen zu formulieren. Die Auseinandersetzung mit derartigen Fragen macht Sie sofort auf mögliche Defizite in der Vorbereitung sowie auf Verständnisschwierigkeiten aufmerksam. **Multiple Choice Fragen** schließen sich an, deren Bearbeitung ein gutes (passives) Verständnis der Themen erfordert. In **Klausuraufgaben** haben Sie dann Gelegenheit, Ihr aktives Fachwissen und Ihre mathematischen Fertigkeiten zu testen. Die Lösungen sind selbsterklärend gestaltet, sodass zum Verständnis weder eine spezielle Vorlesung noch das nachfolgend genannte Lehrbuch zugrunde gelegt werden muss. Das vorliegende Buch ist daher in besonderer Weise zum Selbststudium, Selbsttest sowie zum Prüfungs- und Klausurtraining geeignet.

Zu Ihrer schnellen Orientierung und zur Unterstützung eines effizienten, erfolgreichen Lernens wird durchgehend ein enger Bezug zum Lehrbuch (KCO)

> U. Kamps, E. Cramer, H. Oltmanns (2003) Wirtschaftsmathematik, Einführendes Lehr- und Arbeitsbuch. Oldenbourg, München, 2. Auflage

hergestellt. Bei der **Checkliste** und den **Fragen zum Verständnis** wird jeweils auf die entsprechende Seite in KCO verwiesen. Die Lösungen der **Multiple Choice Fragen** werden kurz begründet und sind ebenfalls mit Hinweisen auf relevante Seiten in KCO versehen. Schließlich sind sehr ausführliche Lösungen aller **Klausuraufgaben** enthalten, die auch ein Nachvollziehen ausgewählter Lösungen ermöglichen. Zur Erleichterung der Suche wird zu jeder Aufgabe die Seite der Lösung notiert und umgekehrt.

Liebe Leserin, lieber Leser, Ihre Kritik und Ihre Anregungen sind uns wichtig: Bitte teilen Sie uns diese mit (Institut für Statistik und Wirtschaftsmathematik, RWTH Aachen). Wir wünschen Ihnen ein angenehmes und nutzbringendes Lernen und Arbeiten.

Aachen und Oldenburg

Dorothea Strauer, Erhard Cramer
Wolfgang Herff, Udo Kamps

Inhaltsverzeichnis

1 Grundlagen

Checkliste

Thema	KCO	☹	😐	☺
Mengen und Zahlen				
Darstellung von Mengen	1	☐	☐	☐
Zahlbereiche	2	☐	☐	☐
Aussagenlogik	5	☐	☐	☐
Quantoren, Negation, Konjunktion, Disjunktion, Implikation, Äquivalenz, Kontraposition	4	☐	☐	☐
Verknüpfungsregeln für Aussagen	8	☐	☐	☐
Wahrheitstafeln	5	☐	☐	☐
Rechengesetze, Ordnung, Intervalle	11	☐	☐	☐
Mengenalgebra	12	☐	☐	☐
Komplement, Schnitt- und Vereinigungsmenge, Differenzmenge	13	☐	☐	☐
Regeln der Mengenalgebra	13	☐	☐	☐
Potenzmenge	18	☐	☐	☐
Kartesisches Produkt	20	☐	☐	☐

Thema	KCO	☹	😐	☺
Ungleichungen und Absolutbetrag	23	☐	☐	☐
Grafische und rechnerische Lösung von Ungleichungen	24	☐	☐	☐
Rechenregeln für den Absolutbetrag	25	☐	☐	☐
Potenzen, Wurzeln und Logarithmen	30	☐	☐	☐
Potenzgesetze	31	☐	☐	☐
Lösen einer quadratischen Gleichung	35	☐	☐	☐
Rechenregeln für Logarithmen	36	☐	☐	☐
Summen- und Produktzeichen	41	☐	☐	☐
Vollständige Induktion	45	☐	☐	☐

F Fragen zum Verständnis

F.1 Geben Sie Beispiele für Mengen an. Verwenden Sie dabei sowohl die aufzählende als auch die beschreibende Darstellung.

F.2 Welche Zahlbereiche kennen Sie, und wie verhalten sich diese zueinander?

F.3 Welche Quantoren kennen Sie? Welche Symbole werden für diese verwendet?

F.4 Nennen Sie die grundlegenden Verknüpfungen der Aussagenlogik. Geben Sie jeweils Beispiele (formalisiert und umgangssprachlich) an.

F.5 Welche Regeln für die Verknüpfungen von Aussagen kennen Sie?

F.6 Was ist eine Wahrheitstafel? Illustrieren Sie diese mittels der Konjunktion zweier Aussagen.

Lösungen

F.1 KCO, S. 1f.
F.2 KCO, S. 3f.
F.3 KCO, S. 4.
F.4 KCO, S. 5ff.
F.5 KCO, S. 8, Merkkasten.
F.6 KCO, S. 5.

F.7 Welche Regeln für die übliche Ordnung der reellen Zahlen kennen Sie? (z.B. $a < b \Longrightarrow a + c < b + c$ für alle $a, b, c \in \mathbb{R}$.) Machen Sie sich diese am Zahlenstrahl klar.

F.8 Welche grundlegenden Verknüpfungen werden in der Mengenalgebra verwendet?

F.9 Was sind die „Regeln von de Morgan"?

F.10 Welche Regeln der Aussagenlogik lassen sich auf die Mengenalgebra übertragen? Begründen Sie Ihre Antwort. Erstellen Sie zur Veranschaulichung Venn-Diagramme.

F.11 Was ist die Potenzmenge einer Menge Ω?

F.12 Was ist ein kartesisches Produkt zweier Mengen? Geben Sie dieses für $A = \{1, 2\}$ und $B = \{6, 7, 8\}$ an.

F.13 Geben Sie Beispiele für Ungleichungen mit zwei Variablen an. Skizzieren Sie die Menge aller Punkte der Ebene, die eine bzw. mehrere dieser Ungleichungen erfüllen.

F.14 Welche Fälle sind zur Lösung der Ungleichung $|x| + 1 \leq |x + 1|$ zu unterscheiden? Erläutern Sie Ihr Ergebnis, und illustrieren Sie es anhand einer geeigneten grafischen Darstellung.

F.15 Wie lauten die binomischen Formeln?

F.16 Geben Sie möglichst viele Rechenregeln für Potenzen, Wurzeln und Logarithmen an.

F.17 Überlegen Sie sich Beispiele aus der Finanzmathematik, für deren Formulierung oder Lösung man Potenzen, Wurzeln oder Logarithmen benötigt.

F.18 Konstruieren Sie jeweils ein Beispiel einer quadratischen Gleichung $ax^2 + bx + c = 0$, das zwei bzw. genau eine bzw. keine Lösung hat. Zeichnen Sie die Grafen der zugehörigen Funktionen.

F.19 Erläutern Sie die Bestandteile des Summenzeichens $\sum\limits_{k=i}^{j} a_i$, und geben Sie einige Rechenregeln an.

Lösungen

F.7 KCO, S. 11, Merkkasten.
F.8 KCO, S. 13, Bezeichnungskasten.
F.9 KCO, S. 8 bzw. S. 15.
F.10 KCO, S. 13 & 15, Merkkästen.
F.11 KCO, S. 18.
F.12 KCO, S. 20, $A \times B = \{(1,6), (2,6), (1,7), (2,7), (1,8), (2,8)\}$.
F.13 KCO, S. 24, Beispiele.
F.14 Zu unterscheiden sind die folgenden Fälle: ① $x < -1$, ② $-1 \leq x < 0$, ③ $x \geq 0$, da $|x|$ verschieden definiert ist für $x < 0$ bzw. $x \geq 0$ und analog $|x + 1|$ für $x < -1$ bzw. $x \geq -1$ (vgl. Beispiele in KCO, S. 26ff.).
F.15 KCO, S. 34.
F.16 s. Merkkästen in KCO, S. 36, 38, 39.
F.17 KCO, S. 32/34 und 36/39, Beispiele.
F.18 Z.B. $x^2 = 1$ hat die Lösungen $x = -1$ und $x = 1$; $x^2 = 0$ hat die einzige Lösung $x = 0$; $x^2 = -1$ hat keine reelle Lösung (vgl. KCO, S. 35).
F.19 KCO, S. 41, Bezeichnungskasten und S. 42, Merkkasten.

F.20 Erläutern Sie den Begriff der Indexverschiebung an der Summe $\sum_{i=k}^{n} a_i,\ k \leq n$.

F.21 Welche Struktur hat ein Beweis durch vollständige Induktion?

Multiple Choice Fragen

M.1 Gegeben seien die Mengen

(1) $\mathbb{N} = \{1, 2, 3, 4, \ldots\}$

(2) $G = \{n \in \mathbb{N} \mid n \text{ ist gerade}\}$

(3) $\Omega = \{$Montag, Dienstag, …, Sonntag$\}$

sowie die Bezeichnungen

(a) aufzählende Darstellung

(b) beschreibende Darstellung

Welche Kombination enthält alle richtigen Paare?

Ⓐ 1-a, 2-a, 3-b

Ⓑ 1-b, 2-b, 3-a

Ⓒ 1-a, 2-b, 3-b

Ⓓ 1-b, 2-a, 3-a

Ⓔ 1-a, 2-b, 3-a

M.2 Gegeben seien reelle Zahlen $a, a_1, a_2, \ldots$ und die Aussage

$$\forall \varepsilon > 0\ \exists N \in \mathbb{N}\ \forall n \geq N: \ |a_n - a| < \varepsilon$$

Wie lautet die korrekte Verneinung dieser Aussage?

Ⓐ $\exists \varepsilon > 0\ \forall N \in \mathbb{N}\ \exists n \geq N: \ |a_n - a| \geq \varepsilon$

Ⓑ $\forall \varepsilon > 0\ \exists N \in \mathbb{N}\ \forall n \geq N: \ |a_n - a| \geq \varepsilon$

Ⓒ $\forall \varepsilon > 0\ \forall N \in \mathbb{N}\ \forall n \leq N: \ |a_n - a| \leq \varepsilon$

Ⓓ $\exists \varepsilon > 0\ \forall N \in \mathbb{N}\ \exists n \leq N: \ |a_n - a| \leq \varepsilon$

Ⓔ $\exists \varepsilon > 0\ \exists N \in \mathbb{N}\ \exists n \geq N: \ |a_n - a| \geq \varepsilon$

Lösungen

F.20 KCO, S. 42, Merkkasten.
F.21 KCO, S. 45, Merkkasten.
M.1 E, denn die richtigen Paare sind 1-a, 2-b, 3-a.
M.2 A, vgl. KCO, S. 10.

M.3 Gegeben seien die Aussagen $\mathcal{A}$, $\mathcal{B}$ sowie $\mathcal{C}$ und die folgenden Verknüpfungen der Aussagen:

(1) $\mathcal{A} \wedge (\mathcal{B} \vee \mathcal{C})$
(2) $\overline{(\mathcal{A} \vee \mathcal{B})} \Longrightarrow \mathcal{C}$
(3) $(\mathcal{A} \vee \mathcal{B}) \wedge \mathcal{C}$

(a) $\overline{\mathcal{A}} \vee (\overline{\mathcal{B}} \wedge \overline{\mathcal{C}})$
(b) $(\overline{\mathcal{A}} \wedge \overline{\mathcal{B}}) \vee \overline{\mathcal{C}}$
(c) $\overline{\mathcal{A}} \wedge \overline{\mathcal{B}} \wedge \overline{\mathcal{C}}$

Welche der folgenden Kombinationen besteht nur aus Verneinungspaaren $(\mathcal{D}, \overline{\mathcal{D}})$?

Ⓐ 1-a, 2-b, 3-c
Ⓑ 1-b, 2-a, 3-c
Ⓒ 1-a, 2-c, 3-b
Ⓓ 1-b, 2-c, 3-a
Ⓔ 1-c, 2-a, 3-b

M.4 Für a, b, $c \in \mathbb{R}$ seien folgende Gleichungen gegeben:

(1) $a + b = b + a$
(2) $a + (-a) = (-a) + a = 0$
(3) $1 \cdot a = a \cdot 1 = a$
(4) $(a + b) \cdot c = a \cdot c + b \cdot c$
(5) $(a \cdot b) \cdot c = a \cdot (b \cdot c)$

Außerdem sind folgende Bezeichnungen gegeben:

(a) Assoziativgesetz
(b) Distributivgesetz
(c) inverses Element
(d) Kommutativgesetz
(e) neutrales Element

Welche Paare gehören zusammen?

Ⓐ 1-a, 2-c, 5-d
Ⓑ 2-a, 3-c, 5-b
Ⓒ 1-b, 2-d, 4-a
Ⓓ 1-d, 3-e, 4-b
Ⓔ 2-e, 3-a, 5-a

Lösungen

M.3 C, denn die richtigen Paare sind 1-a, 2-c, 3-b.
M.4 D, denn die richtigen Paare sind 1-d, 2-c, 3-e, 4-b, 5-a.

M.5 Seien A, $B \subseteq \Omega$ mit $\Omega \neq \emptyset$. Welche der folgenden Aussagen ist im Allgemeinen falsch?

Ⓐ $A \subseteq B \implies A \cap B = A$

Ⓑ $\overline{A \cap B} = \overline{A} \cap \overline{B}$

Ⓒ $A \subseteq B \implies \overline{B} \subseteq \overline{A}$

Ⓓ $\overline{A} \cap \overline{B} = \Omega \setminus (A \cup B)$

Ⓔ $A \cap \Omega = A$

M.6 Seien a, $b \in \mathbb{R}$ mit $b \neq 0$. Welche der folgenden Aussagen ist im Allgemeinen falsch?

Ⓐ $|a + b| \leq |a| + |b|$

Ⓑ $|a \cdot b| \leq |a| \cdot |b|$

Ⓒ $|\frac{a}{b}| \leq \frac{|a|}{|b|}$

Ⓓ $|a + b| = |a| + |b|$

Ⓔ $|a \cdot b| = |a| \cdot |b|$

M.7 Seien $n \in \mathbb{N}$, $a_1, ..., a_n \in \mathbb{R}$, $a_n \neq 0$. Welche der folgenden fünf Summen hat einen anderen Wert als die übrigen vier?

Ⓐ $a_1 + ... + a_n$

Ⓑ $\sum_{j=1}^{n} a_j$

Ⓒ $\sum_{j=4}^{n+2} a_{j-3}$

Ⓓ $\sum_{j=0}^{n-1} a_{j+1}$

Ⓔ $\sum_{j=1}^{n-1} (2a_{j+1} - a_j) + 2a_1 - a_n$

M.8 Welche Rechenregel für Binomialkoeffizienten ist falsch? (k, $n \in \mathbb{N}$, $k < n$)

Ⓐ $\binom{n+1}{k} - \binom{n}{k} = \binom{n}{k-1}$

Ⓑ $\sum_{k=0}^{n} \binom{n}{k} = 2^n$

Ⓒ $\binom{n}{n} = 1$

Ⓓ $\binom{n}{k} = \frac{n}{k} \cdot \binom{n-1}{k-1}$

Ⓔ $(k-1) \cdot \binom{n}{k-1} = (n-1) \cdot \binom{n-1}{k}$

Lösungen

M.5 B (vgl. KCO, S. 15, Merkkasten).
M.6 D (vgl. KCO, S. 25, Merkkasten).
M.7 C, denn dort werden a_1 bis a_{n-1} summiert.
M.8 E (vgl. KCO, S. 47f.).

M.9 Welche maximale Definitionsmenge hat die Gleichung

$$\log_{10}(x^2) + \sqrt{x+1} + \frac{2}{x^2-9} = 3^x \text{ ?}$$

Ⓐ $(-1, \infty) \setminus \{0\}$

Ⓑ $(0, \infty)$

Ⓒ $[-1, \infty)$

Ⓓ $(-1, 0) \cup (0, \infty)$

Ⓔ $[-1, \infty) \setminus \{0, 3\}$

M.10 Gegeben seien die Gleichungen $(x \in \mathbb{R}, y > 0)$

(1) $3^x = y$

(2) $x = \log_3(y)$

(3) $\ln(3) \cdot x = \ln(y)$

(4) $\log_3(3) \cdot x = \log_3(y)$

(5) $e^{\ln(3) \cdot x} = y$

Welche Gleichungen sind äquivalent?

Ⓐ Nur (3) und (4).

Ⓑ Alle außer (2).

Ⓒ (1), (3) und (4).

Ⓓ Alle außer (3).

Ⓔ Alle.

M.11 Welche Logarithmusregel ist falsch?

Ⓐ $\ln(x \cdot y) = \ln(x) + \ln(y)$, x, $y > 0$

Ⓑ $\ln(x) = \frac{\log_2(x)}{\log_2(e)}$, $x > 0$

Ⓒ $\log_{25}(x) = \frac{1}{2} \log_5(x)$, $x > 0$

Ⓓ $\log(10^x) = x$, $x \in \mathbb{R}$

Ⓔ $\log_{10}(5^x) = x \cdot \frac{1}{2}$, $x \in \mathbb{R}$

Lösungen

M.9 E, denn die Definitionsmenge setzt sich gemäß $(\mathbb{R} \setminus \{0\}) \cap [-1, \infty) \cap (\mathbb{R} \setminus \{-3, 3\}) \cap \mathbb{R}$ zusammen.

M.10 E, s. KCO, S. 37, Bezeichungskasten und S. 38, Merkkasten.

M.11 E, denn $\log_{10}(5^x) = x \cdot \log_{10}(5)$ und $\log_{10}(5) \neq \frac{1}{2}$.

M.12 Welche quadratische Ergänzung für die Gleichung $x^2 + 8x + 1 = 0$ ist korrekt?

Ⓐ $x^2 + 8x + 4 - 5 = 0$
Ⓑ $x^2 + 8x - 16 + 15 = 0$
Ⓒ $x^2 + 8x + 16 - 17 = 0$
Ⓓ $x^2 + 8x + 16 - 15 = 0$
Ⓔ $x^2 + 8x + 64 - 63 = 0$

K Klausuraufgaben

14▶L **Aufgabe 1.1** Eine Gruppe von Personen möchte jemandem ein Buch zum Geburtstag schenken. Es wurde eine Reihe von Vorschlägen gemacht, die anhand folgender Kriterien eingeteilt werden sollen:

$\mathcal{B}$: Das Buch ist ein Bestseller.
$\mathcal{R}$: Das Buch ist ein Roman.
$\mathcal{T}$: Das Buch ist zu teuer.

(a) Stellen Sie die folgenden Aussagen mit den Verknüpfungen der Aussagenlogik dar:

(i) Das vorgeschlagene Buch ist ein Bestseller und nicht zu teuer.
(ii) Das vorgeschlagene Buch ist ein Roman, der ein Bestseller ist.
(iii) Das vorgeschlagene Buch ist ein Bestseller, aber es ist zu teuer.

(b) Verbalisieren Sie die folgenden Aussagenverknüpfungen:

(i) $\mathcal{T} \vee \overline{\mathcal{B}}$
(ii) $\mathcal{B} \Longrightarrow \overline{\mathcal{R}}$

(c) Weisen Sie unter Verwendung einer Wahrheitstafel nach, dass die Aussage

$$\overline{(\overline{\mathcal{B}} \wedge \mathcal{T})}$$

äquivalent ist zu der Aussage

„Das Buch ist ein Bestseller oder nicht zu teuer.“

14▶L **Aufgabe 1.2** Aus der Datenbank eines Versicherungsunternehmens sollen Kunden für eine Werbeaktion ausgewählt werden. Die Personen werden anhand der beim Versicherer bestehenden Versicherungsverträge bestimmt, wobei folgende Aussagen zur Auswahl herangezogen werden:

	Person besitzt eine	
$\mathcal{K}$	Krankenversicherung	Personenversicherung
$\mathcal{L}$	Lebensversicherung	
$\mathcal{A}$	KFZ-Versicherung	Sachversicherung
$\mathcal{G}$	Gebäudeversicherung	

Lösungen

M.12 D, denn $(\frac{8}{2})^2 = 16$ und $16 - 15 = 1$.

(a) Stellen Sie folgende Aussagen als logische Verknüpfung der obigen Aussagen dar:

  (i) Person besitzt eine Personenversicherung, aber keine Sachversicherung.

  (ii) Person hat keinen der genannten Versicherungsverträge abgeschlossen.

  (iii) Person hat zwar eine KFZ-Versicherung, aber weder eine Lebens- noch eine Gebäudeversicherung abgeschlossen.

(b) Weisen Sie mittels einer Wahrheitstafel nach, dass die Aussage $\overline{\overline{\mathcal{L}} \vee \mathcal{G}}$ äquivalent ist zu der Aussage „Person hat keine Gebäudeversicherung, aber eine Lebensversicherung abgeschlossen“.

Aufgabe 1.3 Unter Verwendung einer Internetsuchmaschine soll ein Preisvergleich für Mobilfunktelefone erstellt werden. Als Unterscheidungskriterien werden dabei folgende Aussagen verwendet: 14▶L

	Mobilfunktelefon
$\mathcal{A}$	ist WAP-fähig
$\mathcal{D}$	ist ein Dual-Band-Handy
$\mathcal{C}$	hat eine Chat-Funktion
$\mathcal{G}$	hat ein Gewicht von weniger als 100g

(a) Stellen Sie folgende Aussagen als logische Verknüpfung der obigen Aussagen dar:

  (i) Das Mobilfunktelefon ist WAP-fähig, ein Dual-Band-Handy und besitzt eine Chat-Funktion.

  (ii) Das Mobilfunktelefon wiegt mindestens 100g und ist weder WAP-fähig noch ein Dual-Band-Handy.

  (iii) Das Mobilfunktelefon ist ein Dual-Band-Handy mit WAP-Funktion oder es wiegt weniger als 100g.

(b) Geben Sie die folgenden Aussagen in verbaler Form an:

  (i) $\overline{\mathcal{A} \wedge \mathcal{G}} \vee \mathcal{D}$

  (ii) $\overline{\mathcal{C} \vee \mathcal{A}}$

(c) Weisen Sie unter Verwendung einer Wahrheitstafel nach, dass die Aussage $\mathcal{G} \wedge \overline{(\overline{\mathcal{G}} \vee \overline{\mathcal{D}})}$ äquivalent ist zu der Aussage „Das Mobilfunktelefon wiegt weniger als 100g und ist ein Dual-Band-Handy“.

15▶L **Aufgabe 1.4** Eine Gruppe von 100 Personen hat sich bei der IHK für ein Seminar über „Internationale Rechnungslegungssysteme“ angemeldet. Im Vorfeld werden die Personen zu ihren Vorkenntnissen befragt:

Frage A: Haben Sie an dem Seminar „Umstellung der Rechnungslegung auf IAS/IFRS“ (kurz: *Umst. der Rechnungsleg.)* teilgenommen?

Frage B: Haben Sie das Buch „Rechnungslegung nach IAS, US-GAAP und HGB im Vergleich“ (kurz: *Rechnungsleg. im Vergl.*, Born & Karl, 2001) gelesen?

Frage C: Haben Sie das Buch „Internationale Grundsätze für Rechnungslegung und Prüfung“ (kurz: *Internat. Grundsätze*, Kubin & Konrad, 2001) gelesen?

Die Personen werden aus Gründen des Datenschutzes mit den Zahlen 1 bis 100 (anonym) nummeriert. Für ein $i \in \{1, ..., 100\}$ bezeichne $\mathcal{A}(i)$ die Aussage, dass Person i die Frage A mit „ja“ beantwortet hat. Entsprechend werden die Bezeichnungen $\mathcal{B}(i)$ und $\mathcal{C}(i)$ verwendet.

(a) Stellen Sie die folgenden Aussagen mit den Verknüpfungen der Aussagenlogik dar:

(i) Person 1 hat am Seminar *Umst. der Rechnungsleg.* nicht teilgenommen, aber das Buch *Rechnungsleg. im Vergl.* gelesen.

(ii) Person 27 hat alle Fragen mit „ja“ beantwortet.

(iii) Alle Personen, die *Rechnungsleg. im Vergl.* gelesen haben, haben auch *Internat. Grundsätze* gelesen.

(b) Verbalisieren Sie folgende Aussagenverknüpfungen:

(i) $\forall i \in \{1, ..., 100\} : \mathcal{A}(i) \Longrightarrow \mathcal{B}(i)$

(ii) $\exists i \in \{1, ..., 100\} : \mathcal{B}(i) \wedge \overline{\mathcal{C}(i)}$

(iii) $\exists i, j \in \{1, ..., 100\}$ mit $i \neq j : \overline{\mathcal{A}(i)} \wedge \overline{\mathcal{A}(j)}$

(c) Weisen Sie mit Hilfe der Aussagenlogik nach, dass die Aussage

$$\overline{\forall i \in \{1, ..., 100\} : \mathcal{A}(i) \vee \mathcal{B}(i)}$$

äquivalent ist zur Aussage

„Es gibt eine Person, die weder am Seminar *Umst. der Rechnungsleg.* teilgenommen hat noch das Buch *Rechnungsleg. im Vergl.* gelesen hat.“

15▶L **Aufgabe 1.5** Geben Sie die Lösungsmenge der folgenden Ungleichung in der Variablen $x \in \mathbb{R} \setminus \{-2\}$ an.

$$\frac{-12}{2x+4} \leq |3x-3| + 3x$$

Aufgabe 1.6

16▶L

(a) Bestimmen Sie jeweils den maximalen Definitionsbereich und die Lösungsmenge der folgenden Gleichungen in der Variablen $x \in \mathbb{R}$:

(i) $2x^3 - 5x + 3 = 0$

(ii) $\sqrt{2x-5} = 1 + \sqrt{3x-1}$

(iii) $\log_2(16) + \log_3\left(3^{(x^2)}\right) = 2x + 3$

(b) Ermitteln Sie die Lösungsmenge der Ungleichung

$$|x-1| \geq 3\,|x+1|\,, \quad x \in \mathbb{R}$$

Geben Sie die Lösungsmenge in Intervallschreibweise an.

Aufgabe 1.7

18▶L

(a) Bestimmen Sie jeweils den maximalen Definitionsbereich und die Lösungsmenge der folgenden Gleichungen in der Variablen $x \in \mathbb{R}$:

(i) $x^3 + 2x^2 = 3x$

(ii) $\sqrt{3x-3} + 1 = \sqrt{4x}$

(iii) $4\,\log(x^3) + 3\,\log(x^4) - 6\,\log\left(\sqrt{x}\right) = 21$

(b) Ermitteln Sie die Lösungsmenge der Ungleichung

$$x^2 - |2x+4| + 5 \geq 0\,, \quad x \in \mathbb{R}$$

Aufgabe 1.8

19▶L

(a) Bestimmen Sie jeweils die Lösungsmenge der folgenden Gleichungen in $x \in \mathbb{R}$:

(i) $x^3 - 3x + 2 = 0\,, \quad x \in \mathbb{R}$

(ii) $e^{\sqrt{x}}\, e^{x+1} = 1\,, \quad x \geq 0$

(iii) $\log_3(3^x) + \log_3\left(9^{(x^4)}\right) + \log_3(3) = 1\,, \quad x \in \mathbb{R}$

(b) Für welche $x \in \mathbb{R}$ ist folgende Ungleichung erfüllt

$$x^2 - |x-1| - 1 \geq 0 \quad ?$$

Geben Sie die Lösung in Intervallschreibweise an.

20▶L **Aufgabe 1.9**

(a) Bestimmen Sie jeweils den maximalen Definitionsbereich und die Lösungsmenge der folgenden Gleichungen in der Variablen $x \in \mathbb{R}$:

(i) $\sqrt{2x-3} = 2 + \sqrt{x-5}$

(ii) $x^3 + 2x^2 - x - 2 = 0$

(iii) $\ln(x^3) - \ln(e^4) = 2\ln(x^2) - 2\ln(e^2)$

(b) Ermitteln Sie die Lösungsmenge der Ungleichung

$$\frac{-12}{x+2} \leq |x-1| + 1\,, \quad x \in \mathbb{R} \setminus \{-2\}$$

Geben Sie die Lösungsmenge in Intervallschreibweise an.

22▶L **Aufgabe 1.10**

(a) Bestimmen Sie jeweils den maximalen Definitionsbereich und die Lösungsmenge der folgenden Gleichungen in der Variablen $x \in \mathbb{R}$:

(i) $\sqrt{5x} = 1 + 2\sqrt{x-1}$

(ii) $\frac{1}{2}\ln(x) + \ln(x^2) = \log_2(8) - \log_{10}(1000)$

(b) Ermitteln Sie die Lösungsmenge der Ungleichung

$$|x-2| \leq \tfrac{1}{2}(x+1)\,, \quad x \in \mathbb{R}$$

(i) grafisch, indem Sie die beiden Seiten der Ungleichung als Funktion von x auffassen, die zugehörigen Grafen in einem geeigneten Koordinatensystem zeichnen und die Lösungsmenge ablesen.

(ii) rechnerisch durch Umformen der Ungleichung. Geben Sie die Lösungsmenge in Intervallschreibweise an.

23▶L **Aufgabe 1.11**

(a) Bestimmen Sie jeweils die Lösungsmenge der folgenden Gleichungen:

(i) $x^2 + 4x + 3 = 0\,, \quad x \in \mathbb{R}$

(ii) $\ln(|x|)\, e^{(x^3)}\,(x^2 - 4) = 0\,, \quad x \neq 0$

(iii) $\log_2\left(8^x\right) + \log_3\left(3^{(x^3)}\right) = 2x - 2\,, \quad x \in \mathbb{R}$

(b) Ermitteln Sie die Lösungsmenge der Ungleichung

$$|x-1| \geq |x-2| + 1\,, \quad x \in \mathbb{R}$$

(i) grafisch, indem Sie die beiden Seiten der Ungleichung als Funktion von x auffassen und die zugehörigen Grafen in einem geeigneten Koordinatensystem zeichnen.

(ii) rechnerisch durch Umformen der Ungleichung. Geben Sie die Lösungsmenge in Intervallschreibweise an.

Aufgabe 1.12 Bestimmen Sie die Menge aller $x \in \mathbb{R}$, für welche die folgende Ungleichung erklärt und richtig ist: 24▶L

$$x - 1 + \left| \frac{2x^2 + 6x}{x+3} \right| \geq 11 .$$

Hinweis: Vereinfachen Sie zunächst den Term $\left| \frac{2x^2 + 6x}{x+3} \right|$.

Aufgabe 1.13 25▶L

Hinweis: Dies ist eine vollständige Klausuraufgabe. Die letzte Teilaufgabe ist mit Mitteln aus Kapitel 3 und 4 zu lösen.

(a) Bestimmen Sie jeweils den maximalen Definitionsbereich und die Lösungsmenge der folgenden Gleichungen in der Variablen $x \in \mathbb{R}$:

(i) $x^3 - 4x^2 - x + 4 = 0$

(ii) $\sqrt{3x - 11} = \sqrt{x} + 1$

(b) Ermitteln Sie die Lösungsmenge der Ungleichung

$$|x - 3| \leq \tfrac{1}{3}|x + 1| , \quad x \in \mathbb{R}$$

(c) Die Funktionen $f, g : \mathbb{R} \longrightarrow \mathbb{R}$ seien definiert durch $f(x) = 1 + x$ und $g(x) = \mathrm{e}^x$.

(i) Zeichnen Sie die Funktionen in ein geeignetes Koordinatensystem unter Verwendung von $\mathrm{e}^{-1} \approx 0,37$ und $\mathrm{e}^1 \approx 2,72$.

(ii) Begründen Sie, dass der Punkt $(0, 1)$ der einzige Schnittpunkt von f und g ist.

Aufgabe 1.14 Weisen Sie mit Hilfe vollständiger Induktion die Gültigkeit der folgenden Aussage nach: 27▶L

$$\sum_{i=1}^{n} i \cdot i! = (n+1)! - 1 , \quad n \in \mathbb{N}$$

Aufgabe 1.15 Weisen Sie für $n \in \mathbb{N}$ die folgenden Formeln nach: 27▶L

(a) $1^2 + 3^2 + ... + (2n-1)^2 = \dfrac{n(2n-1)(2n+1)}{3}$

(b) $\dfrac{1}{n} \sum\limits_{i=1}^{n} \left(i - \dfrac{1}{2}\right)^2 = \dfrac{1}{3} \left(n - \dfrac{1}{2}\right) \left(n + \dfrac{1}{2}\right)$

Lösungen

8▶A

Lösung 1.1

(a) (i) $\mathcal{B} \wedge \overline{\mathcal{T}}$

(ii) $\mathcal{R} \wedge \mathcal{B}$

(iii) $\mathcal{B} \wedge \mathcal{T}$

(b) (i) Das Buch ist zu teuer oder kein Bestseller.

(ii) Wenn das Buch ein Bestseller ist, dann ist es kein Roman.

(c) Die Aussage „Das Buch ist ein Bestseller oder nicht zu teuer.“ wird als Aussageverknüpfung geschrieben als $\mathcal{B} \vee \overline{\mathcal{T}}$. Damit gilt:

$\mathcal{B}$	$\mathcal{T}$	$\overline{\mathcal{B}}$	$\overline{\mathcal{B}} \wedge \mathcal{T}$	$\overline{(\overline{\mathcal{B}} \wedge \mathcal{T})}$	$\overline{\mathcal{T}}$	$\mathcal{B} \vee \overline{\mathcal{T}}$
w	w	f	f	w	f	w
w	f	f	f	w	w	w
f	w	w	w	f	f	f
f	f	w	f	w	w	w

Da die grau hinterlegten Spalten übereinstimmen, sind die Aussagen äquivalent.

8▶A

Lösung 1.2

(a) (i) $(\mathcal{K} \vee \mathcal{L}) \wedge \overline{\mathcal{A} \vee \mathcal{G}}$ oder $(\mathcal{K} \vee \mathcal{L}) \wedge \overline{\mathcal{A}} \wedge \overline{\mathcal{G}}$

(ii) $\overline{\mathcal{K} \vee \mathcal{L} \vee \mathcal{A} \vee \mathcal{G}}$ oder $\overline{\mathcal{K}} \wedge \overline{\mathcal{L}} \wedge \overline{\mathcal{A}} \wedge \overline{\mathcal{G}}$

(iii) $\mathcal{A} \wedge \overline{\mathcal{L} \vee \mathcal{G}}$ oder $\mathcal{A} \wedge \overline{\mathcal{L}} \wedge \overline{\mathcal{G}}$

(b) Die Aussage „Person hat keine Gebäudeversicherung, aber eine Lebensversicherung abgeschlossen“ wird als Aussageverknüpfung geschrieben als $\overline{\mathcal{G}} \wedge \mathcal{L}$. Damit gilt:

$\mathcal{L}$	$\mathcal{G}$	$\overline{\mathcal{L}}$	$\overline{\mathcal{L}} \vee \mathcal{G}$	$\overline{(\overline{\mathcal{L}} \vee \mathcal{G})}$	$\overline{\mathcal{G}}$	$\overline{\mathcal{G}} \wedge \mathcal{L}$
w	w	f	w	f	f	f
w	f	f	f	w	w	w
f	w	w	w	f	f	f
f	f	w	w	f	w	f

Da die grau hinterlegten Spalten übereinstimmen, sind die Aussagen äquivalent.

9▶A

Lösung 1.3

(a) (i) $\mathcal{A} \wedge \mathcal{D} \wedge \mathcal{C}$

(ii) $\overline{\mathcal{G}} \wedge \overline{\mathcal{A}} \wedge \overline{\mathcal{D}}$

(iii) $(\mathcal{D} \wedge \mathcal{A}) \vee \mathcal{G}$

(b) (i) Das Handy ist ein Dual-Band-Handy oder es ist nicht WAP-fähig oder wiegt nicht weniger als 100g.

(ii) Das Handy hat keine Chat-Funktion und ist nicht WAP-fähig.

(c) Die Aussage „Das Mobilfunktelefon wiegt weniger als 100g und ist ein Dual-Band-Handy" wird als Aussageverknüpfung geschrieben als $\mathcal{G} \wedge \mathcal{D}$. Damit gilt:

$\mathcal{G}$	$\mathcal{D}$	$\overline{\mathcal{G}}$	$\overline{\mathcal{D}}$	$(\overline{\mathcal{G}} \vee \overline{\mathcal{D}})$	$\overline{(\overline{\mathcal{G}} \vee \overline{\mathcal{D}})}$	$\mathcal{G} \wedge \overline{(\overline{\mathcal{G}} \vee \overline{\mathcal{D}})}$	$\mathcal{G} \wedge \mathcal{D}$
w	w	f	f	f	w	w	w
w	f	f	w	w	f	f	f
f	w	w	f	w	f	f	f
f	f	w	w	w	f	f	f

Da die grau hinterlegten Spalten übereinstimmen, sind die Aussagen äquivalent.

Lösung 1.4 10▶A

(a) (i) $\overline{\mathcal{A}(1)} \wedge \mathcal{B}(1)$

(ii) $\mathcal{A}(27) \wedge \mathcal{B}(27) \wedge \mathcal{C}(27)$

(iii) $\forall i \in \{1, ..., 100\} : \mathcal{B}(i) \Longrightarrow \mathcal{C}(i)$

(b) (i) Alle Personen, die am Seminar *Umst. der Rechnungsleg.* teilgenommen haben, haben auch das Buch *Rechnungsleg. im Vergl.* gelesen.

(ii) Es gibt (mindestens) eine Person, die zwar das Buch *Rechnungsleg. im Vergl.*, nicht aber das Buch *Internat. Grundsätze* gelesen hat.

(iii) Es gibt (mindestens) zwei Personen, die nicht am Seminar *Umst. der Rechnungsleg.* teilgenommen haben.

(c) Mit den Regeln der Aussagenlogik erhält man

$$\begin{aligned}\overline{\forall i \in \{1, ..., 100\} : \mathcal{A}(i) \vee \mathcal{B}(i)} &\iff \exists i \in \{1, ..., 100\} : \overline{\mathcal{A}(i) \vee \mathcal{B}(i)} \\ &\iff \exists i \in \{1, ..., 100\} : \overline{\mathcal{A}(i)} \wedge \overline{\mathcal{B}(i)}\end{aligned}$$

Die letzte Zeile entspricht der verbalisierten Aussage

„Es gibt eine Person, die weder am Seminar *Umst. der Rechnungsleg.* teilgenommen hat noch das Buch *Rechnungsleg. im Vergl.* gelesen hat."

Lösung 1.5 Durch Kürzen und Ausklammern erhält man folgende äquivalente Ungleichung 10▶A

$$\frac{-2}{x+2} \leq |x-1| + x$$

Fallunterscheidung:

- 1. Fall $x < -2$:

$$\begin{aligned}\frac{-2}{x+2} \leq |x-1| + x &\iff -2 \geq (-(x-1) + x) \cdot (x+2) \\ &\iff -2 \geq x + 2 \\ &\iff -4 \geq x\end{aligned}$$

Somit ist $\mathcal{L}_1 = (-\infty, -2) \cap (-\infty, -4] = (-\infty, -4]$.

- 2. Fall $-2 < x < 1$:

$$\begin{aligned}\frac{-2}{x+2} \le |x-1| + x &\iff -2 \le (-(x-1)+x)\cdot(x+2)\\ &\iff -2 \le (x+2)\\ &\iff -4 \le x\end{aligned}$$

Somit ist $\mathcal{L}_2 = (-2,1) \cap [-4,\infty) = (-2,1)$.

- 3. Fall $x \ge 1$:

$$\begin{aligned}\frac{-2}{x+2} \le |x-1| + x &\iff -2 \le ((x-1)+x)\cdot(x+2)\\ &\iff -2 \le (2x-1)(x+2)\\ &\iff -2 \le 2x^2+3x-2\\ &\iff 0 \le x(2x+3)\end{aligned}$$

Da in diesem Fall $x \ge 1$, also insbesondere $x > 0$ ist, gilt die Ungleichung genau dann, wenn $2x+3 \ge 0$, d.h. $x \ge -\frac{3}{2}$ ist. Somit ist $\mathcal{L}_3 = [1,\infty) \cap [-\frac{3}{2},\infty) = [1,\infty)$.

Insgesamt resultiert die Lösungsmenge $\mathcal{L} = (-\infty,-4] \cup (-2,1) \cup [1,\infty) = (-\infty,-4] \cup (-2,\infty)$.

11▶A **Lösung 1.6**

(a) (i)
- $\mathcal{D} = \mathbb{R}$
- Durch Einsetzen erhält man die Nullstelle $x = 1$. Führt man die Polynomdivision durch, ergibt sich

$$\begin{array}{l}(\;2x^3 \qquad\quad -5x+3) : (x-1) = 2x^2+2x-3\\ \underline{-2x^3+2x^2}\\ \qquad\quad 2x^2-5x\\ \qquad\underline{-2x^2+2x}\\ \qquad\qquad -3x+3\\ \qquad\qquad\underline{\;\;3x-3}\\ \qquad\qquad\qquad 0\end{array}$$

Nun klammert man den Faktor 2 aus. Die Gleichung $x^2 + x - \frac{3}{2} = 0$ löst man mit quadratischer Ergänzung und erhält $(x+\frac{1}{2})^2 = \frac{3}{2} + \frac{1}{4} = \frac{7}{4}$, also $x = \frac{\sqrt{7}-1}{2}$ oder $x = -\frac{\sqrt{7}+1}{2}$. Insgesamt ergibt sich die Lösungsmenge $\mathcal{L} = \left\{1, \frac{\sqrt{7}-1}{2}, -\frac{\sqrt{7}+1}{2}\right\}$.

(ii)
- Es gilt: $2x-5 \ge 0 \iff x \ge \frac{5}{2}$ sowie $3x-1 \ge 0 \iff x \ge \frac{1}{3}$. Somit ist $\mathcal{D} = [\frac{5}{2},\infty)$.
- Durch Quadrieren und Umformen der Gleichung erhält man

$$\begin{aligned}\sqrt{2x-5} = 1 + \sqrt{3x-1} &\implies 2x-5 = 1 + 2\sqrt{3x-1} + 3x - 1\\ &\iff -x-5 = 2\sqrt{3x-1}\\ &\implies x^2+10x+25 = 4(3x-1)\end{aligned}$$

$$\begin{aligned} &\iff x^2 - 2x = -29 \\ &\iff (x-1)^2 = -28 \end{aligned}$$

Da Quadrate stets nicht-negativ sind, ist $\mathcal{L} = \emptyset$.

(iii)
- $\mathcal{D} = \mathbb{R}$, da $16 > 0$ und $3^{(x^2)} > 0$ für alle $x \in \mathbb{R}$.
- Mit Hilfe der Rechenregeln für Logarithmen ergibt sich

$$\begin{aligned} \log_2(16) + \log_3(3^{(x^2)}) = 2x + 3 &\iff 4 + x^2 = 2x + 3 \\ &\iff x^2 - 2x + 1 = 0 \\ &\iff x = 1 \end{aligned}$$

Also ist $\mathcal{L} = \{1\}$.

(b) Fallunterscheidung:

- 1. Fall $x < -1$:

$$\begin{aligned} |x-1| \geq 3\,|x+1| &\iff -(x-1) \geq 3(-x-1) \\ &\iff -x + 1 \geq -3x - 3 \\ &\iff 2x \geq -4 \\ &\iff x \geq -2 \end{aligned}$$

Somit ist $\mathcal{L}_1 = [-2, -1)$.

- 2. Fall $-1 \leq x \leq 1$:

$$\begin{aligned} |x-1| \geq 3\,|x+1| &\iff -(x-1) \geq 3(x+1) \\ &\iff -x + 1 \geq 3x + 3 \\ &\iff -4x \geq 2 \\ &\iff x \leq -\tfrac{1}{2} \end{aligned}$$

Somit ist $\mathcal{L}_2 = [-1, -\frac{1}{2}]$.

- 3. Fall $x > 1$:

$$\begin{aligned} |x-1| \geq 3\,|x+1| &\iff x - 1 \geq 3(x+1) \\ &\iff x - 1 \geq 3x + 3 \\ &\iff -2x \geq 4 \\ &\iff x \leq -2 \end{aligned}$$

Es folgt $\mathcal{L}_3 = \emptyset$.

Insgesamt ergibt sich $\mathcal{L} = [-2, -1) \cup [-1, -\frac{1}{2}] \cup \emptyset = [-2, -\frac{1}{2}]$.

11▶A **Lösung 1.7**

(a) (i) • $\mathcal{D} = \mathbb{R}$.

• Durch Umformen der Gleichung erhält man

$$x^3 + 2x^2 = 3x \iff x(x^2 + 2x - 3) = 0 \iff x(x-1)(x+3) = 0$$

Somit ist $\mathcal{L} = \{0, 1, -3\}$.

(ii) • Es gilt: $3x - 3 \geq 0 \iff x \geq 1$ sowie $4x \geq 0 \iff x \geq 0$. Also ist $\mathcal{D} = [1, \infty)$.

• Durch Quadrieren und Umformen der Gleichung erhält man

$$\begin{aligned} \sqrt{3x-3} + 1 = \sqrt{4x} &\implies 3x - 3 + 2\sqrt{3x-3} + 1 = 4x \\ &\iff 2\sqrt{3x-3} = x + 2 \\ &\implies 4(3x-3) = x^2 + 4x + 4 \\ &\iff x^2 - 8x + 16 = 0 \\ &\iff (x-4)^2 = 0 \\ &\iff x = 4 \end{aligned}$$

Probe: $\sqrt{12-3} + 1 = 4 = \sqrt{16}$. Also ist $\mathcal{L} = \{4\}$.

(iii) • Es muss gelten: $x^3 > 0 \wedge x^4 > 0 \wedge x > 0$. Somit ist $\mathcal{D} = (0, \infty)$.

• Anwendung der Rechenregeln für Logarithmen ergibt

$$\begin{aligned} 4\log(x^3) + 3\log(x^4) - 6\log\left(\sqrt{x}\right) = 21 &\iff 21\log(x) = 21 \\ &\iff \log(x) = 1 \\ &\iff x = 10 \end{aligned}$$

Also ist $\mathcal{L} = \{10\}$.

(b) Fallunterscheidung:

• 1. Fall $2x + 4 \geq 0$, d.h. $x \geq -2$:

$$x^2 - (2x+4) + 5 = x^2 - 2x + 1 = (x-1)^2 \geq 0$$

Diese Ungleichung wird von allen $x \geq -2$ erfüllt. Somit ist $\mathcal{L}_1 = [-2, \infty)$.

• 2. Fall $2x + 4 < 0$, d.h. $x < -2$:

$$x^2 + (2x+4) + 5 = x^2 + 2x + 9 = (x+1)^2 + 8 \geq 0$$

Diese Ungleichung wird von allen $x < -2$ erfüllt. Somit ist $\mathcal{L}_2 = (-\infty, -2)$.

Insgesamt erhält man also $\mathcal{L} = [-2, \infty) \cup (-\infty, -2) = \mathbb{R}$.

Lösung 1.8 11▶A

(a) (i) Eine Nullstelle ist $x = 1$. Polynomdivision liefert

$$
\begin{array}{l}
(\;x^3 \qquad -3x+2) : (x-1) = x^2+x-2 \\
\underline{-x^3+x^2} \\
\qquad x^2-3x \\
\qquad \underline{-x^2\;+x} \\
\qquad\qquad -2x+2 \\
\qquad\qquad \underline{\;\;2x-2} \\
\qquad\qquad\qquad 0
\end{array}
$$

Man erhält mit quadratischer Ergänzung

$$
\begin{aligned}
x^2+x-2=0 &\iff \left(x+\tfrac{1}{2}\right)^2 = 2+\tfrac{1}{4} \quad \left(=\tfrac{9}{4}\right) \\
&\iff x+\tfrac{1}{2} = \tfrac{3}{2} \vee x+\tfrac{1}{2} = -\tfrac{3}{2} \\
&\iff x=1 \vee x=-2
\end{aligned}
$$

Somit ist die Lösungsmenge $\mathcal{L} = \{-2, 1\}$.

(ii) Wegen $e^{\sqrt{x}}e^{x+1} = e^{x+\sqrt{x}+1}$ erhält man durch Logarithmieren der Gleichung die äquivalente Gleichung $x + \sqrt{x} + 1 = 0$. Substituiert man $y = \sqrt{x}$, ergibt sich die quadratische Gleichung $y^2 + y + 1 = 0$. Eine quadratische Ergänzung liefert $(y + \frac{1}{2})^2 = -1 + \frac{1}{4} = -\frac{3}{4}$. Diese Gleichung hat keine Lösung, da Quadrate stets nicht-negativ sind. Also ist $\mathcal{L} = \emptyset$.

(iii) Mit Hilfe der Rechenregeln für Logarithmen erhält man

$$
\begin{aligned}
\log_3(3^x) + \log_3\left(9^{(x^4)}\right) + \log_3(3) = 1 &\iff x + x^4 \cdot 2 + 1 = 1 \\
&\iff x\,(2x^3+1) = 0 \\
&\iff x = 0 \vee 2x^3 + 1 = 0 \\
&\iff x = 0 \vee x = -\tfrac{1}{\sqrt[3]{2}}
\end{aligned}
$$

Somit ist $\mathcal{L} = \left\{0, -\frac{1}{\sqrt[3]{2}}\right\}$.

(b) Fallunterscheidung:

- 1. Fall $x \geq 1$:

$$
\begin{aligned}
x^2 - |x-1| - 1 \geq 0 &\iff x^2 - (x-1) - 1 \geq 0 \\
&\iff x^2 - x \geq 0 \\
&\iff x\,(x-1) \geq 0
\end{aligned}
$$

Die letzte Ungleichung ist erfüllt, da $x \geq 1$ vorausgesetzt ist. Also ist $\mathcal{L}_1 = [1, \infty)$.

- 2. Fall $x < 1$:

$$\begin{aligned} x^2 - |x-1| - 1 \geq 0 &\iff x^2 + (x-1) - 1 \geq 0 \\ &\iff x^2 + x - 2 \geq 0 \\ &\iff (x+\tfrac{1}{2})^2 \geq 2 + \tfrac{1}{4} \quad (= \tfrac{9}{4}) \\ &\iff x + \tfrac{1}{2} \geq \tfrac{3}{2} \lor x + \tfrac{1}{2} \leq -\tfrac{3}{2} \\ &\iff x \geq 1 \lor x \leq -2 \end{aligned}$$

Da $x < 1$ vorausgesetzt ist, ist die Ungleichung für $x \leq -2$ erfüllt. Somit ist $\mathcal{L}_2 = (-\infty, -2]$.

Insgesamt erhält man die Lösungsmenge $\mathcal{L} = (-\infty, -2] \cup [1, \infty)$.

12▶A

Lösung 1.9

(a) (i)

- Es gilt: $2x - 3 \geq 0 \land x - 5 \geq 0 \iff x \geq \frac{3}{2} \land x \geq 5$. Also ist $\mathcal{D} = [5, \infty)$.
- Durch Quadrieren und Umformen der Gleichung ergibt sich

$$\begin{aligned} \sqrt{2x-3} = 2 + \sqrt{x-5} &\implies 2x - 3 = 4 + 4\sqrt{x-5} + x - 5 \\ &\iff x - 2 = 4\sqrt{x-5} \\ &\implies x^2 - 4x + 4 = 16(x-5) \\ &\iff x^2 - 20x = -84 \\ &\iff (x-10)^2 = 16 \\ &\iff x - 10 = 4 \lor x - 10 = -4 \\ &\iff x = 14 \lor x = 6 \end{aligned}$$

Probe: $\sqrt{2 \cdot 6 - 3} = 3 = 2 + \sqrt{6-5}$ bzw. $\sqrt{2 \cdot 14 - 3} = 5 = 2 + \sqrt{14-5}$. Also ist $\mathcal{L} = \{6, 14\}$.

(ii)

- $\mathcal{D} = \mathbb{R}$.
- Eine Nullstelle ist $x = 1$. Polynomdivision liefert

$$\begin{array}{l} (\;\; x^3 + 2x^2 \;\; - x - 2) : (x-1) = x^2 + 3x + 2 \\ \underline{\;-x^3 \;\; + x^2\;} \\ \qquad\quad 3x^2 \;\; - x \\ \qquad \underline{\;-3x^2 + 3x\;} \\ \qquad\qquad\quad 2x - 2 \\ \qquad\qquad \underline{\;-2x + 2\;} \\ \qquad\qquad\qquad\;\; 0 \end{array}$$

Nullsetzen des Restpolynoms $x^2 + 3x + 2 = 0$ liefert nach einer quadratischen Ergänzung die äquivalente Gleichung $(x+\frac{3}{2})^2 = -2+\frac{9}{4} = \frac{1}{4}$, d.h. die Lösungen sind gegeben durch $x = \frac{1}{2}-\frac{3}{2} = -1$ oder $x = -\frac{1}{2}-\frac{3}{2} = -2$. Die Lösungsmenge ist also $\mathcal{L} = \{-2, -1, 1\}$.

(iii)
- Es muss gelten: $x^3 > 0 \wedge x^2 > 0$. Also ist $\mathcal{D} = (0, \infty)$.
- Mit den Rechenregeln für Logarithmen erhält man

$$\begin{aligned} \ln(x^3) - \ln(e^4) = 2\ln(x^2) - 2\ln(e^2) &\Longleftrightarrow 3\ln(x) - 4\ln(x) = 4\ln(e) - 4\ln(e) \\ &\Longleftrightarrow -\ln(x) = 0 \\ &\Longleftrightarrow x = 1 \end{aligned}$$

Somit ist $\mathcal{L} = \{1\}$.

(b) Fallunterscheidung: $\begin{cases} x+2<0 & \Longleftrightarrow & x<-2 \\ x+2>0 & \Longleftrightarrow & x>-2 \end{cases}$ und $\begin{cases} x-1<0 & \Longleftrightarrow & x<1 \\ x-1\geq 0 & \Longleftrightarrow & x\geq 1 \end{cases}$.

- 1. Fall $x < -2$:

$$\begin{aligned} \frac{-12}{x+2} \leq |x-1|+1 &\Longleftrightarrow -12 \geq (-x+1+1)(x+2) \\ &\Longleftrightarrow -12 \geq 4 - x^2 \\ &\Longleftrightarrow x^2 \geq 16 \\ &\Longleftrightarrow |x| \geq 4 \\ &\Longleftrightarrow x \leq -4 \vee x \geq 4 \end{aligned}$$

Da $x < -2$ vorausgesetzt wird, ist $\mathcal{L}_1 = (-\infty, -4]$.

- 2. Fall $-2 < x < 1$:

$$\begin{aligned} \frac{-12}{x+2} \leq |x-1|+1 &\Longleftrightarrow -12 \leq (-x+1+1)(x+2) \\ &\Longleftrightarrow x^2 \leq 16 \\ &\Longleftrightarrow |x| \leq 4 \\ &\Longleftrightarrow -4 \leq x \leq 4 \end{aligned}$$

Somit ist $\mathcal{L}_2 = (-2, 1)$.

- 3. Fall $x \geq 1$:

$$\begin{aligned} \frac{-12}{x+2} \leq |x-1|+1 &\Longleftrightarrow -12 \leq (x-1+1)(x+2) \\ &\Longleftrightarrow -12 \leq x^2 + 2x \\ &\Longleftrightarrow -11 \leq (x+1)^2 \end{aligned}$$

Die letzte Ungleichung ist für alle $x \geq 1$ erfüllt. Also ist $\mathcal{L}_3 = [1, \infty)$.

Insgesamt ergibt sich also $\mathcal{L} = (-\infty, -4] \cup (-2, 1) \cup [1, \infty) = (-\infty, -4] \cup (-2, \infty)$.

12►A

Lösung 1.10

(a) (i)

- Es muss gelten: $x \geq 0$ und $x - 1 \geq 0$. Also ist $\mathcal{D} = [1, \infty)$.
- Durch Quadrieren und Umformen der Gleichung ergibt sich

$$\begin{aligned} \sqrt{5x} = 1 + 2\sqrt{x-1} \quad &\Longrightarrow \quad 5x = 1 + 4\sqrt{x-1} + 4(x-1) \\ &\Longleftrightarrow \quad x + 3 = 4\sqrt{x-1} \\ &\Longrightarrow \quad (x+3)^2 = 16(x-1) \\ &\Longleftrightarrow \quad x^2 - 10x + 25 = 0 \\ &\Longleftrightarrow \quad (x-5)^2 = 0 \\ &\Longleftrightarrow \quad x = 5 \end{aligned}$$

Probe: $\sqrt{5 \cdot 5} = 5 = 1 + 2 \cdot \sqrt{5-1}$. Also ist $\mathcal{L} = \{5\}$.

(ii)

- Es muss $x > 0$ und $x^2 > 0$ sein. Also ist $\mathcal{D} = (0, \infty)$.
- Durch Anwenden der Logarithmenregeln erhält man

$$\begin{aligned} \tfrac{1}{2}\ln(x) + \ln(x^2) = \log_2(8) - \log_{10}(1000) \quad &\Longleftrightarrow \quad \left(\tfrac{1}{2} + 2\right)\ln(x) = 3 - 3 \\ &\Longleftrightarrow \quad \ln(x) = 0 \\ &\Longleftrightarrow \quad x = 1 \end{aligned}$$

Die Lösungsmenge ist $\mathcal{L} = \{1\}$.

(b) (i)

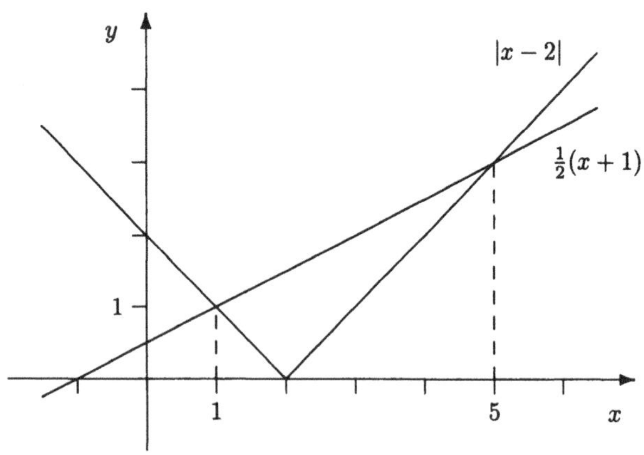

Damit die Ungleichung erfüllt ist, muss der Graf der Betragsfunktion $f(x) = |x-2|$ unterhalb der Geraden $g(x) = \frac{1}{2}(x+1)$ liegen. Dies ist auf dem Intervall zwischen den Schnittpunkten erfüllt. Somit liest man die Lösungsmenge $\mathcal{L} = [1, 5]$ ab.

(ii) Fallunterscheidung:

- 1. Fall $x \geq 2$: $x - 2 \leq \frac{1}{2}x + \frac{1}{2} \iff \frac{1}{2}x \leq \frac{5}{2} \iff x \leq 5$
  Somit ist $\mathcal{L}_1 = [2, 5]$.
- 2. Fall $x < 2$: $-x + 2 \leq \frac{1}{2}x + \frac{1}{2} \iff \frac{3}{2} \leq \frac{3}{2}x \iff 1 \leq x$
  Somit ist $\mathcal{L}_2 = [1, 2)$.

Insgesamt ist $\mathcal{L} = [1, 5]$.

Lösung 1.11 12▶A

(a) (i) Wegen $x^2 + 4x + 3 = (x + 1)(x + 3)$ (Satz von Vieta) hat diese quadratische Gleichung die Lösungen -1 und -3, also ist $\mathcal{L} = \{-3, -1\}$.

(ii) Da ein Produkt genau dann Null ist, wenn einer der Faktoren Null ist, gilt

$$\begin{aligned} \ln(|x|)\mathrm{e}^{(x^3)}(x^2-4) = 0 &\iff \ln(|x|) = 0 \vee \mathrm{e}^{(x^3)} = 0 \vee x^2 - 4 = 0 \\ &\iff |x| = 1 \vee x^2 = 4 \\ &\iff x = 1 \vee x = -1 \vee x = 2 \vee x = -2 \end{aligned}$$

Dabei wurde benutzt, dass $\mathrm{e}^t \neq 0$ ist für alle $t \in \mathbb{R}$. Somit erhält man die Lösungsmenge $\mathcal{L} = \{-2, -1, 1, 2\}$.

(iii) Mit den Rechenregeln für Logarithmen erhält man

$$\begin{aligned} \log_2(8^x) + \log_3\left(3^{(x^3)}\right) = 2x - 2 &\iff x \cdot 3 + x^3 \cdot 1 = 2x - 2 \\ &\iff x^3 + x + 2 = 0 \end{aligned}$$

Da diese Gleichung für $x = -1$ erfüllt ist, erhält man durch Polynomdivision

$$\begin{array}{l} (\;x^3 \qquad\quad + x + 2) : (x+1) = x^2 - x + 2 \\ \underline{-x^3 - x^2} \\ \qquad -x^2 + x \\ \qquad \underline{\;\;x^2 + x} \\ \qquad\qquad 2x + 2 \\ \qquad\quad \underline{-2x - 2} \\ \qquad\qquad\quad 0 \end{array}$$

Führt man eine quadratische Ergänzung durch, erhält man $(x+\frac{1}{2})^2 = -2+\frac{1}{4} = -\frac{7}{4}$. Da Quadrate stets nicht-negativ sind, hat die Gleichung keine weitere Lösung. Folglich ist $\mathcal{L} = \{-1\}$.

(b) (i)

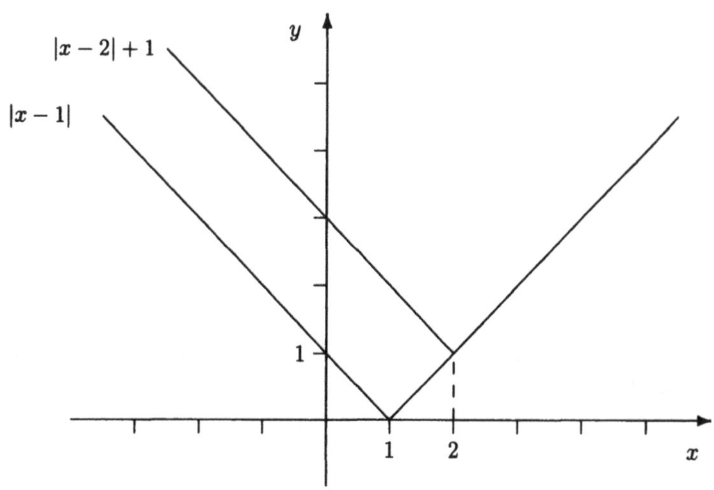

Damit die Ungleichung erfüllt ist, muss der Graf der Betragsfunktion $f(x) = |x-1|$ oberhalb des Grafen von $g(x) = |x-2|+1$ liegen. Dies ist ab dem Schnittpunkt erfüllt. Somit ist die Lösungsmenge $\mathcal{L} = [2, \infty)$.

(ii)
- 1. Fall $x < 1$:

$$\begin{aligned} -(x-1) \geq -(x-2)+1 &\iff -x+1 \geq -x+3 \\ &\iff 1 \geq 3 \end{aligned}$$

Dies ist nicht möglich, also ist $\mathcal{L}_1 = \emptyset$.

- 2. Fall $1 \leq x < 2$:

$$\begin{aligned} x-1 \geq -(x-2)+1 &\iff x-1 \geq -x+3 \\ &\iff 2x \geq 4 \\ &\iff x \geq 2 \end{aligned}$$

Da $x < 2$ vorausgesetzt ist, ist auch $\mathcal{L}_2 = \emptyset$.

- 3. Fall $x \geq 2$:

$$x-1 \geq x-2+1 \iff x-1 \geq x-1$$

Da diese Ungleichung immer erfüllt ist, ist $\mathcal{L}_3 = [2, \infty]$.

Insgesamt erhält man $\mathcal{L} = [2, \infty]$.

13▶A

Lösung 1.12

(i) Für $x \in \mathbb{R}$ gilt: $|x+3| = 0 \iff x+3 = 0 \iff x = -3$.
Somit ist die Ungleichung erklärt für alle $x \in \mathcal{D} = \mathbb{R}\backslash\{-3\}$.

(ii) Für $x \in \mathcal{D}$ gilt

$$\left|\frac{2x^2+6x}{x+3}\right| = \left|\frac{2x(x+3)}{x+3}\right| = |2x| = 2|x| \tag{$*$}$$

Fall 1: $x \geq 0$. Dann gilt $x - 1 + \left|\frac{2x^2+6x}{x+3}\right| \overset{(*)}{=} x - 1 + 2x = 3x - 1$, sodass

$$x-1+\left|\frac{2x^2+6x}{x+3}\right| \geq 11 \iff 3x-1 \geq 11 \iff 3x \geq 12 \iff x \geq 4$$

Fall 2: $x < 0$. Dann gilt $x - 1 + \left|\frac{2x^2+6x}{x+3}\right| \overset{(*)}{=} x - 1 - 2x = -x - 1$, sodass

$$x-1+\left|\frac{2x^2+6x}{x+3}\right| \geq 11 \iff -x-1 \geq 11 \iff -x \geq 12 \iff x \leq -12$$

Somit ist $\mathcal{L} = (-\infty, -12] \cup [4, \infty) = \mathbb{R} \setminus (-12, 4)$ die Lösungsmenge der Ungleichung. (Man beachte $-3 \notin \mathcal{L}$.)

Lösung 1.13 13▶A

(a) (i)

- $\mathcal{D} = \mathbb{R}$.
- *1. Variante:* Offensichtlich ist $x = 1$ eine Lösung. Durch Polynomdivision erhält man

$$\begin{array}{l} (\;\;x^3 - 4x^2 \;\; - x + 4) : (x-1) = x^2 - 3x - 4 \\ \underline{-x^3 \;+x^2} \\ \quad\;\; -3x^2 \;\, - x \\ \quad\;\; \underline{\;\;3x^2 - 3x} \\ \qquad\qquad -4x + 4 \\ \qquad\qquad \underline{\;\;4x - 4} \\ \qquad\qquad\qquad\;\; 0 \end{array}$$

Mittels quadratischer Ergänzung folgt weiter $(x - \frac{3}{2})^2 = 4 + \frac{9}{4} = \frac{25}{4}$, d.h. $x = \frac{5}{2} + \frac{3}{2} = 4$ und $x = -\frac{5}{2} + \frac{3}{2} = -1$ sind die weiteren Lösungen der Gleichung. Die Lösungsmenge ist also $\mathcal{L} = \{-1, 1, 4\}$.

2. Variante: Durch Ausklammern erhält man

$$\begin{aligned} x^3 - 4x^2 - x + 4 &= x^2(x-4) - (x-4) \\ &= (x^2 - 1)(x-4) \\ &= (x-1)(x+1)(x-4) \end{aligned}$$

Auch so ergibt sich die Lösungsmenge $\mathcal{L} = \{-1, 1, 4\}$.

(ii)

- Es muss gelten: $3x - 11 \geq 0 \wedge x \geq 0 \iff x \geq \frac{11}{3} \wedge x \geq 0$, also ist $\mathcal{D} = [\frac{11}{3}, \infty)$.
- Durch Quadrieren und Umformen der Gleichung ergibt sich

$$\begin{aligned} \sqrt{3x - 11} = \sqrt{x} + 1 \quad &\Longrightarrow \quad 3x - 11 = x + 2\sqrt{x} + 1 \\ &\iff \quad 2x - 12 = 2\sqrt{x} \\ &\iff \quad x - 6 = \sqrt{x} \\ &\Longrightarrow \quad x^2 - 12x + 36 = x \\ &\iff \quad x^2 - 13x + 36 = 0 \\ &\iff \quad (x - \tfrac{13}{2})^2 = -36 + \tfrac{169}{4} = \tfrac{169-144}{4} = \tfrac{25}{4} \\ &\iff \quad x = \tfrac{5}{2} + \tfrac{13}{2} \vee x = -\tfrac{5}{2} + \tfrac{13}{2} \\ &\iff \quad x = 9 \vee x = 4 \end{aligned}$$

Probe: $\sqrt{3 \cdot 4 - 11} = 1 \neq 3 = \sqrt{4} + 1$ bzw. $\sqrt{3 \cdot 9 - 11} = 4 = \sqrt{9} + 1$. Somit ist $\mathcal{L} = \{9\}$.

(b) Fallunterscheidung:

- 1. Fall $x < -1$:

$$\begin{aligned} -(x-3) \leq -\tfrac{1}{3}(x+1) \quad &\iff \quad \tfrac{10}{3} \leq \tfrac{2}{3}x \\ &\iff \quad x \geq 5 \end{aligned}$$

Somit ist $\mathcal{L}_1 = \emptyset$.

- 2. Fall $-1 \le x \le 3$:

$$\begin{aligned} -(x-3) \le \tfrac{1}{3}(x+1) &\iff \tfrac{8}{3} \le \tfrac{4}{3}x \\ &\iff 2 \le x \end{aligned}$$

  Folglich ist $\mathcal{L}_2 = [2,3]$.

- 3. Fall $x > 3$:

$$\begin{aligned} x-3 \le \tfrac{1}{3}(x+1) &\iff \tfrac{2}{3}x \le \tfrac{10}{3} \\ &\iff x \le 5 \end{aligned}$$

  Also ist $\mathcal{L}_3 = (3,5]$.

Insgesamt ergibt sich $\mathcal{L} = [2,5]$.

(c) (i)

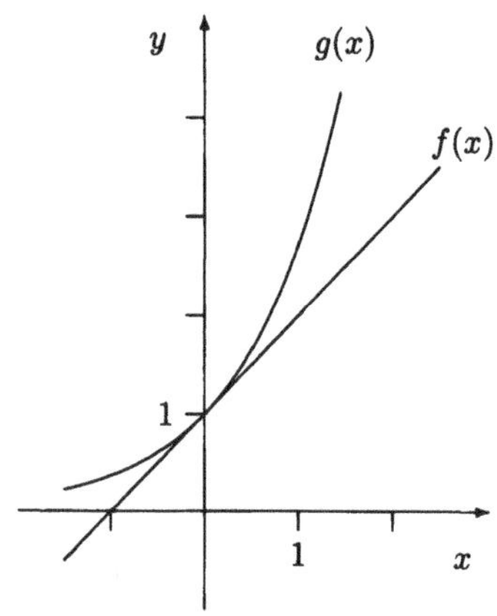

(ii) Es ist $f(0) = 1 = g(0)$. Da f die Tangente an g in $x_0 = 1$ ist (wegen $f'(0) = e^0 = 1$) und f auf ganz $\mathbb{R}$ konvex ist (wegen $f''(x) = e^x > 0$ für alle $x \in \mathbb{R}$), kann es keinen weiteren Schnittpunkt geben.

Alternative: Sei die Funktion h gegeben durch $h(x) = g(x) - f(x)$ für $x \in \mathbb{R}$. Dann ist

$$h'(x) = 0 \iff e^x - 1 = 0 \iff e^x = 1 \iff x = 0$$

Wegen $h'(x) < 0$ für $x < 0$ und $h'(x) > 0$ für $x > 0$ hat h an der Stelle $x = 0$ ein lokales Minimum. Wegen

$$\lim_{x \to -\infty} h(x) = \infty \text{ und } \lim_{x \to \infty} h(x) = \infty$$

liegt an der Stelle $x = 0$ das globale Minimum von h. Somit gilt $h(x) \ge h(0) = 0$ für alle $x \in \mathbb{R}$. Da h streng monoton ist für alle $x \in \mathbb{R} \setminus \{0\}$, ist $x = 0$ die einzige Nullstelle von h.

Lösung 1.14

13▶A

- Induktionsanfang $n = 1$: $\sum_{i=1}^{1} i \cdot i! = 1 \cdot 1! = 1$ und $(1+1)! - 1 = 2 - 1 = 1$.
- Induktionsvoraussetzung: Gelte $\sum_{i=1}^{n} i \cdot i! = (n+1)! - 1$ für ein $n \in \mathbb{N}$.
- Induktionsschluss:

$$\begin{aligned}\sum_{i=1}^{n+1} i \cdot i! &= \sum_{i=1}^{n} i \cdot i! + (n+1)\cdot(n+1)! = (n+1)! - 1 + (n+1)\cdot(n+1)! \\ &= (n+1)!(1+n+1) - 1 = (n+2)! - 1\end{aligned}$$

Lösung 1.15

13▶A

(a) Zu zeigen ist $\sum_{i=1}^{n}(2i-1)^2 = \frac{n(2n-1)(2n+1)}{3}$.

- *1. Variante:*
  Mit den Summenformeln $\sum_{i=1}^{n} i = \frac{n(n+1)}{2}$ und $\sum_{i=1}^{n} i^2 = \frac{n(n+1)(2n+1)}{6}$ (s. KCO, S. 45 und S. 53) erhält man direkt

$$\begin{aligned}\sum_{i=1}^{n}(2i-1)^2 &= \sum_{i=1}^{n}(4i^2 - 4i + 1) \\ &= 4\sum_{i=1}^{n} i^2 - 4\sum_{i=1}^{n} i + \sum_{i=1}^{n} 1 \\ &= 4\frac{n(n+1)(2n+1)}{6} - 4\frac{n(n+1)}{2} + n \\ &= \frac{1}{3}\cdot(2n(n+1)(2n+1) - 6n(n+1) + 3n) \\ &= \frac{1}{3}\cdot\big(2n(n+1)(2n+1) - 3n(\underbrace{2(n+1)-1}_{=2n+1})\big) \\ &= \frac{1}{3}\cdot n(2n+1)(2(n+1)-3) \\ &= \frac{1}{3}\cdot n(2n+1)(2n-1)\end{aligned}$$

- *2. Variante:* mit vollständiger Induktion
  - Induktionsanfang $n = 1$: $1 = \frac{1\cdot 1\cdot 3}{3}$
  - Induktionsvoraussetzung:

    Gelte $\sum_{i=1}^{n}(2i-1)^2 = \frac{n(2n-1)(2n+1)}{3}$ für ein $n \in \mathbb{N}$.

– Induktionsschluss:

$$
\begin{aligned}
\sum_{i=1}^{n+1}(2n-1)^2 &= \sum_{i=1}^{n}(2n-1)^2 + (2(n+1)-1)^2 \\
&= \frac{1}{3}\cdot(n(2n-1)(2n+1)) + (2n+1)^2 \\
&= \frac{1}{3}\cdot(2n+1)\cdot(n(2n-1)+3(2n+1)) \\
&= \frac{1}{3}\cdot(2n+1)\cdot(2n^2+5n+3) \\
&= \frac{1}{3}\cdot(2(n+1)-1)\cdot(n+1)\cdot(2(n+1)+1)
\end{aligned}
$$

(b) Unter Verwendung der Formel aus (a) erhält man direkt

$$
\begin{aligned}
\frac{1}{n}\sum_{i=1}^{n}\left(i-\frac{1}{2}\right)^2 &= \frac{1}{n}\sum_{i=1}^{n}\left(\frac{2i-1}{2}\right)^2 \\
&= \frac{1}{4n}\sum_{i=1}^{n}(2i-1)^2 \\
&= \frac{1}{4n}\cdot\frac{n(2n-1)(2n+1)}{3} \\
&= \frac{1}{3}\cdot\frac{(2n-1)(2n+1)}{2\cdot 2} \\
&= \frac{1}{3}\cdot\left(n-\frac{1}{2}\right)\left(n+\frac{1}{2}\right)
\end{aligned}
$$

2 Folgen und Reihen

Checkliste

Thema	KCO	☹	😐	☺
Folgen	55	☐	☐	☐
Eigenschaften von Folgen	58	☐	☐	☐
Konvergenz von Folgen	59	☐	☐	☐
Rechenregeln für konvergente Folgen	62	☐	☐	☐
Reihen	67	☐	☐	☐
Konvergenz von Reihen	68	☐	☐	☐
Harmonische und geometrische Reihen	67	☐	☐	☐
Grundformeln der Finanzmathematik	72	☐	☐	☐
Bezeichnungen	72	☐	☐	☐
Zinsrechnung	73	☐	☐	☐
Tilgungsrechnung	75	☐	☐	☐

Fragen zum Verständnis

F.1 Was ist eine Folge?

F.2 Wann heißt eine Folge konvergent?

F.3 Wann ist eine Folge unbeschränkt, wann ist sie konvergent gegen unendlich?

F.4 Geben Sie je ein Beispiel einer nicht konstanten Folge $(a_n)_{n\in\mathbb{N}}$ an, für die gilt:

(i) $\lim\limits_{n\to\infty} a_n = 0$

(ii) $\lim\limits_{n\to\infty} a_n = g$ mit $g \in \mathbb{R} \setminus \{0\}$

(iii) $\lim\limits_{n\to\infty} a_n = \infty$

(iv) $(a_n)_{n\in\mathbb{N}}$ ist divergent.

F.5 Geben Sie Beispiele für nicht konstante, konvergente Folgen $(a_n)_n$ und $(b_n)_n$ mit $b_n > 0$ an, sodass die Quotientenfolge $\left(\frac{a_n}{b_n}\right)_n$ den Grenzwert 0, 1 bzw. ∞ hat.

F.6 Geben Sie Beispiele für Nullfolgen an.

F.7 Erläutern Sie die Nützlichkeit von Nullfolgen an den für $n \in \mathbb{N}$ durch $a_n = \dfrac{-n^3 + 2n^2 + 4}{n^2 + n - 1}$, $b_n = \dfrac{n^2 - 2n + 4}{n^4 + 1}$, $c_n = \dfrac{-3n^2 + 4}{n - n^2 + 1}$ definierten Folgen.

F.8 Eine Folge $(a_n)_n$ habe den Grenzwert $a \in \mathbb{R}$. Unter welchen Bedingungen an $(a_n)_n$ und $c \in \mathbb{R}$ sind die Folgen $(c \cdot a_n)_n$, $(a_n^2)_n$, $((\ln(a_n))^2)_n$, $(\mathrm{e}^{-a_n})_n$, $(c^{a_n})_n$ definiert? Was gilt unter diesen Voraussetzungen für deren Grenzwerte?

F.9 Definieren Sie den Begriff „Reihe“.

F.10 Was ist eine Partialsumme?

F.11 Geben Sie ein Konvergenzkriterium für Reihen an.

Lösungen

F.1 KCO, S. 56, Bezeichnungskasten.
F.2 KCO, S. 60f., Bezeichnungskasten und Beispiele.
F.3 KCO, S. 58, Bezeichnungskasten und anschließende Bemerkung.
F.4 (i) $a_n = \frac{1}{n}$, (ii) $a_n = \frac{n+1}{n}$ mit $g = 1$, (iii) $a_n = n$, (iv) $a_n = (-1)^n$; s.a. KCO, S. 60f.
F.5 Für $a_n = \frac{1}{n^2}$, $b_n = \frac{1}{n}$ gilt $\frac{a_n}{b_n} = \frac{1}{n} \longrightarrow 0$ für $n \to \infty$; für $a_n = b_n = \frac{1}{n}$ gilt $\frac{a_n}{b_n} = 1 \longrightarrow 1$ für $n \to \infty$; für $a_n = \frac{1}{n}$, $b_n = \frac{1}{n^2}$ gilt $\frac{a_n}{b_n} = n \longrightarrow \infty$ für $n \to \infty$.
F.6 $(\frac{1}{n^k})_{n\in\mathbb{N}}$ mit $k \in \mathbb{N}$.
F.7 KCO, S. 66f., Beispiele (analog zu rechnen).
F.8 KCO, S. 62, Merkkasten.
F.9 KCO, S. 67, Bezeichnungskasten.
F.10 KCO, S. 67, Bezeichnungskasten.
F.11 Quotientenkriterium, s. KCO, S. 70, Merkkasten.

F.12 Geben Sie jeweils ein Beispiel für eine Reihe, die gegen ein $s \in \mathbb{R}$ bzw. gegen ∞ konvergiert.

F.13 Was ist eine geometrische Reihe, und wann konvergiert sie? Welchen Grenzwert hat sie in diesem Fall?

F.14 (i) Wie lässt sich bei nachschüssigen Zahlungen und nachschüssiger Verzinsung das Kapital nach Ablauf von n Zeitintervallen berechnen?

(ii) Benennen Sie die verwendeten Variablen.

(iii) Wie vereinfacht sich die Formel, wenn die Zahlungen konstant sind?

F.15 Was sind Annuitäten?

F.16 In welchem Zusammenhang stehen Tilgungen und Annuitäten?

F.17 Geben Sie die Formel zur Berechnung des Kapitals nach n Zeitintervallen bei vorschüssigen Zahlungen und nachschüssiger Verzinsung an.

Multiple Choice Fragen

M

M.1 Seien $(a_n)_n$, $(b_n)_n$ und $(c_n)_n$ Folgen reeller Zahlen mit $\lim\limits_{n\to\infty} a_n = a$, $\lim\limits_{n\to\infty} b_n = b$, wobei $a, b \in \mathbb{R} \cup \{\infty\}$, und $(c_n)_n$ sei beschränkt. Welche der folgenden Aussagen ist im Allgemeinen falsch?

Ⓐ Ist $a = 0$, so gilt $\lim\limits_{n\to\infty}(a_n \cdot b_n) = 0$.

Ⓑ Ist $a = 0$, so gilt $\lim\limits_{n\to\infty}(a_n \cdot c_n) = 0$.

Ⓒ Sind $a, b \neq \infty$, so gilt $\lim\limits_{n\to\infty}(a_n \cdot b_n) = a \cdot b$.

Ⓓ Sind $a > 0$ und $b = \infty$, so gilt $\lim\limits_{n\to\infty}(a_n \cdot b_n) = \infty$.

Ⓔ Sind $b_n \neq 0$ für alle n und $a \in \mathbb{R}$ sowie $b \in \mathbb{R} \setminus \{0\}$, so ist $\lim\limits_{n\to\infty}\left(\frac{a_n}{b_n}\right) = \frac{a}{b}$.

Lösungen

F.12 KCO, S. 71, Beispiele.
F.13 KCO, S. 67 & 69, Bezeichnungskasten bzw. Beispiel.
F.14 KCO, S. 73, Merkkasten.
F.15 KCO, S. 75.
F.16 KCO, S. 75ff.
F.17 KCO, S. 77, Merkkasten.
M.1 A, Gegenbeispiel: Für $a_n = \frac{1}{n} \overset{n\to\infty}{\longrightarrow} 0$ und $b_n = n \overset{n\to\infty}{\longrightarrow} \infty$ gilt $a_n \cdot b_n = 1 \overset{n\to\infty}{\longrightarrow} 1 \neq 0$; s.a. KCO, S. 62, Merkkasten, bzw. S. 65, Tabelle über Grenzwerte.

M.2 Sei $(a_n)_n$ eine Folge reeller Zahlen. Gegeben seien die Aussagen:

(1) Ist $(a_n)_n$ endlich konvergent, so ist $(a_n)_n$ beschränkt.

(2) Ist $(a_n)_n$ nicht konvergent, so ist $(a_n)_n$ unbeschränkt.

(3) Ist $(a_n)_n$ monoton, so ist $(a_n)_n$ endlich konvergent.

Welche dieser Antworten ist richtig?

Ⓐ (1), (2), (3) – alle Aussagen sind wahr.

Ⓑ (1) und (2) sind richtig, aber (3) ist falsch.

Ⓒ Nur (3) ist wahr.

Ⓓ Nur (1) ist wahr.

Ⓔ Alle Aussagen sind falsch.

M.3 Sei $(a_n)_{n\in\mathbb{N}}$ eine Folge reeller Zahlen. Welche der folgenden Aussagen ist <u>falsch</u>?

Ⓐ $(a_n)_n$ konstant $\iff \exists q \in \mathbb{R}\ \forall n \in \mathbb{N}:\ a_n = q$

Ⓑ $(a_n)_n$ geometrisch $\iff \exists q \in \mathbb{R}\ \forall n \in \mathbb{N}:\ a_n \neq 0\ \wedge\ \frac{a_{n+1}}{a_n} = q$

Ⓒ $(a_n)_n$ beschränkt $\iff \exists q \in \mathbb{R}\ \forall n \in \mathbb{N}:\ |a_n| < q$

Ⓓ $(a_n)_n$ streng monoton wachsend $\iff \forall n \in \mathbb{N}:\ a_n < a_{n+1}$

Ⓔ $(a_n)_n$ streng monoton fallend $\iff \forall n \in \mathbb{N}:\ |a_n| > |a_{n+1}|$

M.4 Sei $(a_n)_{n\in\mathbb{N}_0}$ eine Folge reeller Zahlen. Gegeben seien folgende Aussagen

(1) $\forall n \in \mathbb{N}_0:\ a_n \leq a_{n+1}$

(2) $\forall n \in \mathbb{N}_0:\ a_n - a_{n+1} = 0$

(3) $\exists M > 0\ \forall n \in \mathbb{N}_0:\ |a_n| < M$

(4) $\forall n \in \mathbb{N}_0:\ \frac{a_{n+1}}{a_n} = q$

sowie die Begriffe

(a) konstante Folge

(b) geometrische Folge

(c) beschränkte Folge

(d) monoton wachsende Folge

Lösungen

M.2 D, zu (1): s. KCO, S. 61, Merkkasten; zu (2): Gegenbeispiel $a_n = (-1)^n$; zu (3): Gegenbeispiel $a_n = n$.

M.3 E, vgl. KCO, S. 56 & 58, Bezeichnungskasten.

Welche der folgenden Kombinationen enthält ausschließlich richtige Paare?

Ⓐ 1-d, 2-a, 3-d

Ⓑ 1-c, 2-b, 4-b

Ⓒ 1-b, 3-c, 4-a

Ⓓ 2-c, 3-a, 4-d

Ⓔ 2-a, 3-c, 4-b

M.5 Ordnen Sie die Begriffe

(1) Anfangskapital

(2) Aufzinsungsfaktor

(3) Einzahlung zur Periode k

(4) Kapital nach n Perioden

den üblichen Bezeichnungen

(a) Z_k

(b) K_0

(c) K_n

(d) q

zu. Welche der folgenden Antworten besteht ausschließlich aus falschen Paaren?

Ⓐ 1-a, 2-d, 3-b, 4-c

Ⓑ 1-b, 2-b, 3-d, 4-a

Ⓒ 1-c, 2-a, 3-b, 4-d

Ⓓ 1-d, 2-b, 3-a, 4-c

Ⓔ 1-d, 2-c, 3-a, 4-b

M.6 Welche der folgenden Formeln ist für die beschriebene Situation falsch?

Ⓐ Wird ein Kapital K_0 n-mal mit einem Aufzinsungsfaktor q verzinst, so resultiert das Endkapital $K_n = K_0 \cdot q^n$.

Ⓑ Werden ein Anfangskapital K_0 und konstante nachschüssige Zahlungen Z über n Perioden mit einem Aufzinsungsfaktor $q > 1$ verzinst, so ergibt sich nach n Perioden das Kapital $K_n = K_0 \cdot q^n + nZ$.

Ⓒ Werden ein Anfangskapital K_0 und nachschüssige Zahlungen Z_k über n Perioden mit einem Aufzinsungsfaktor q verzinst, so erhält man nach n Perioden das Kapital $K_n = K_0 \cdot q^n + \sum_{k=1}^{n} Z_k q^{n-k}$.

Lösungen

M.4 E, denn richtige Paare sind 1-d, 2-a, 3-c, 4-b; s.a. KCO, S. 56 & 58, Bezeichnungskästen.
M.5 C, denn die richtigen Paare sind 1-b, 2-d, 3-a, 4-c (s. KCO, S. 72, Bezeichnungskasten).

Ⓓ Soll eine Schuld S_0 durch nachschüssige konstante Annuitäten innerhalb von n Perioden abgetragen werden, so ist bei einem Aufzinsungsfaktor q die Annuität gegeben durch $Z = S_0 \cdot q^n \frac{q-1}{q^n-1}$.

Ⓔ Werden ein Anfangskapital K_0 und konstante vorschüssige Zahlungen Z verzinst, so erhält man nach n Perioden das Kapital $K_n = K_0 \cdot q^n + Zq\frac{1-q^n}{1-q}$, $q > 1$.

K Klausuraufgaben

39►L **Aufgabe 2.1** Bestimmen Sie jeweils den Grenzwert für $n \to \infty$ der durch a_n definierten Folgen:

(a) $a_n = \dfrac{n-1}{n^2-1} \quad (n \geq 2)$

(b) $a_n = \dfrac{4n^4 - 3n^3 + 2n^2 - n}{n^2(2n-1)^2}$

39►L **Aufgabe 2.2** Sind die gegebenen Folgen konvergent (für $n \to \infty$)? Falls ja, bestimmen Sie den Grenzwert.

(a) $a_n = \dfrac{n^2-4}{(n-2)^2} \quad (n \geq 3)$

(b) $a_n = \dfrac{(-1)^n\, n^2}{(n+1)^2\,(n+2)}$

(c) $a_n = \dfrac{4n^2-2n}{2n-1}$

39►L **Aufgabe 2.3** Bestimmen Sie jeweils den Grenzwert für $n \to \infty$ der durch a_n, $n \geq 2$, definierten Folgen:

(a) $a_n = \dfrac{n^2+1}{3n^2-2n+1}$

(b) $a_n = \dfrac{n+1}{n^2-1}$

(c) $a_n = \mathrm{e}^{(n+1)/(n^2-1)}$ (Begründung!)

Lösungen

M.6 B, s. KCO, S. 73 & 77, Merkkästen, sowie Formel zur Tilgungsrechnung auf S. 75.

Aufgabe 2.4 Bestimmen Sie jeweils den Grenzwert für $n \to \infty$ der durch a_n definierten Folgen: 39▶L

(a) $a_n = \dfrac{n^3}{2(n^3 - n^2 + n)}$

(b) $a_n = \dfrac{n+1}{n}$

(c) $a_n = \ln\left(\dfrac{n+1}{n}\right)$ (Begründung!)

Aufgabe 2.5 Bestimmen Sie jeweils den Grenzwert für $n \to \infty$ der durch a_n definierten Folgen: 39▶L

(a) $a_n = \dfrac{-2n^4 + n^2 - 2}{6n^4 - n^3 + 6}\,, \; n \geq 1$

(b) $a_n = \dfrac{(n+1)(n-2)}{-n^3 + n^2 + 4}\,, \; n \geq 3$

Aufgabe 2.6 Bestimmen Sie jeweils den Grenzwert $\lim\limits_{n\to\infty} a_n$ der Folge $(a_n)_{n\in\mathbb{N}}$. 40▶L

(a) $a_n = \dfrac{3n^2 + 7n^3 - 4}{\sqrt{n}\,(2n^{5/2} - 1)}\,, n \in \mathbb{N}$

(b) $a_n = \sqrt{9n^2 - n + 5} - \sqrt{9n^2 + 4n - 7}\,, n \in \mathbb{N}$

(c) $a_n = \left(16c^2\right)^{\frac{3n}{6n+5}}\,, \; n \in \mathbb{N}\,, \;$ für $c \in \mathbb{R} \setminus \{0\}$

Aufgabe 2.7 Bestimmen Sie jeweils den Grenzwert $\lim\limits_{n\to\infty} a_n$ der Folge $(a_n)_{n\in\mathbb{N}}$. 40▶L

(a) $a_n = \dfrac{n^3 + 3 - 4n^5}{2\sqrt{n^{10}} + 5n^2}\,, n \in \mathbb{N}$

(b) $a_n = \sqrt{\left(1 + \dfrac{4}{3n}\right)^n}\,, n \in \mathbb{N}$

(c) $a_n = \dfrac{1}{2 + n^3 + (-1)^n}\,, n \in \mathbb{N}$

Aufgabe 2.8 Untersuchen Sie jeweils die Folge $(a_n)_{n\in\mathbb{N}}$ auf Konvergenz, und bestimmen Sie gegebenenfalls ihren Grenzwert $\lim\limits_{n\to\infty} a_n$. 40▶L

(a) $a_n = \dfrac{3n^2 - 5}{2 + 9n^2 - 7\sqrt{n}}\,, n \in \mathbb{N}$

(b) $a_n = \left(\dfrac{n+5}{n^2 - 25}\right)^{-1}\,, n \geq 6$

(c) $a_n = \sqrt{n^2 + 3n - 1} - \sqrt{n^2 + n + 2}\,, n \in \mathbb{N}$

41▶L **Aufgabe 2.9** Untersuchen Sie jeweils die Folge $(a_n)_{n\in\mathbb{N}}$ auf Konvergenz, und bestimmen Sie gegebenenfalls ihren Grenzwert $\lim\limits_{n\to\infty} a_n$.

(a) $a_n = \left(\dfrac{n+1}{n}\right)^{-2n}$, $n \in \mathbb{N}$

(b) $a_n = \sum\limits_{k=2}^{n+2} \left(\dfrac{1}{3}\right)^{k-1}$, $n \in \mathbb{N}$

41▶L **Aufgabe 2.10** Wenden Sie das Quotientenkriterium auf die folgenden Reihen $(s_n)_{n\in\mathbb{N}}$ an. Welche Aussagen können Sie bezüglich der Konvergenz der Reihen treffen?

(a) $s_n = \sum\limits_{k=1}^{n} \dfrac{k^2-1}{2^k}$

(b) $s_n = \sum\limits_{k=1}^{n} \dfrac{1}{k^3}$

42▶L **Aufgabe 2.11**

(a) Berechnen Sie den Grenzwert $\sum\limits_{k=1}^{\infty} \dfrac{2^{3k}+k!}{2^{2k}k!}$.

(b) Es sei $s_n = \sum\limits_{k=1}^{n} \dfrac{k+1}{2^{k+5}(k+2)}$, $n \in \mathbb{N}$. Untersuchen Sie die Reihe $(s_n)_{n\in\mathbb{N}}$ auf Konvergenz.

42▶L **Aufgabe 2.12**

(a) Berechnen Sie den Grenzwert $\sum\limits_{k=0}^{\infty} \dfrac{(-5)^{k+1}+3^k k!}{5^k k!}$.

(b) Es sei $s_n = \sum\limits_{k=0}^{n} \dfrac{(2k)!}{3^k (k!)^2}$, $n \in \mathbb{N}$. Untersuchen Sie die Reihe $(s_n)_{n\in\mathbb{N}}$ auf Konvergenz.

42▶L **Aufgabe 2.13**

(a) Zeigen Sie mittels vollständiger Induktion: $\sum\limits_{k=1}^{n} \dfrac{1}{k(k+1)} = \dfrac{n}{n+1}$, $n \in \mathbb{N}$.

(b) Berechnen Sie den Grenzwert $\sum\limits_{k=1}^{\infty} \dfrac{1}{k(k+1)}$.

Aufgabe 2.14 Ein Kapital von 100 000 € wird zu einem jährlichen Zinssatz von 10 % (nachschüssige Verzinsung) für die Dauer von drei Jahren angelegt, wobei die anfallenden Zinsen auf dem Konto verbleiben. 43▶L

(a) Wie hoch ist der Kontostand nach Ablauf von drei Jahren? (Geben Sie bitte den Zahlenwert an!)

(b) Zusätzlich wird am Ende eines jeden der drei Jahre ein Betrag von 10 000 € auf das Konto eingezahlt. Über welches Kapital kann nach Ablauf von drei Jahren (und allen Zahlungsvorgängen) verfügt werden? (Auch hier bitte den Zahlenwert angeben!)

(c) Begründen Sie das Ergebnis unter (b) mit einer allgemeinen Formel für die Verzinsung eines Kapitals K_0 bei nachschüssigen Zahlungen Z (in jeweils derselben Höhe) und nachschüssiger Verzinsung.

Aufgabe 2.15 Am Anfang dieses Jahres betrug der Kontostand von Frau Sparsam 25 000 €. Sie plant, am Ende dieses Jahres und der nächsten Jahre jeweils 1 000 € auf das Konto einzuzahlen. Die Zinsen werden ihrem Konto am Ende eines jeden Jahres gutgeschrieben. Der Zinssatz beträgt 3,3 % jährlich. 43▶L

(a) Über welchen Betrag kann Frau Sparsam am Ende des 10. Jahres (nach der Einzahlung) verfügen?

(b) Nach wie vielen Jahren beträgt ihr Kontostand erstmals mehr als 62 000 €?

Hinweis: Bitte beachten Sie, dass diese Aufgabe ohne Taschenrechner gelöst werden soll. Geben Sie lediglich die Formeln an, und setzen Sie die Zahlenwerte ein.

Aufgabe 2.16 Herr Schmidt möchte 100 000 € über mehrere Jahre anlegen. Hierzu prüft er Angebote verschiedener Banken: 44▶L

- Seine Hausbank bietet ihm einen Sparbrief für die Dauer von sechs Jahren an, bei dem das Guthaben in der ersten vier Jahren jeweils mit 2,4 %, in den letzten beiden Jahren mit 5 % verzinst wird. Eine vorzeitige Kündigung ist zum Ablauf des vierten und fünften Jahres möglich.

- Bei einer Direktbank gibt es auf einem Termingeldkonto 3,2 % Zinsen. Das Konto kann jährlich gekündigt werden.

Bei beiden Angeboten wird nachschüssig verzinst.

(a) Berechnen Sie für beide Angebote den Kontostand nach Ablauf von sechs Jahren. Welches Angebot bringt die höhere Rendite?

(b) Welches Angebot ist bei Kündigung zum Ende des fünften Jahres besser?

(c) Wie viele Jahre muss das Kapital bei der Direktbank angelegt werden, damit das auszuzahlende Kapital 110 000 € übersteigt?

$(1+\frac{p}{100})^i$	1	2	3	4	5	6
2,4 %	1,024	1,049	1,074	1,100	1,126	1,153
3,2 %	1,032	1,065	1,099	1,134	1,171	1,208
5,0 %	1,050	1,103	1,158	1,216	1,276	1,340

45▶L **Aufgabe 2.17** Zur Sicherung einer Zusatzrente zahlt Frau S. über einen Zeitraum von 25 Jahren am Ende eines jeden Jahres jeweils 3 000 € ein.

(a) Welchen Betrag hat Frau S. nach Ablauf der 25 Jahre insgesamt angespart, wenn der jährliche Zinssatz in der Ansparphase 5 % beträgt?

(b) Nach Ablauf der Ansparphase möchte Frau S. von dem angesparten Kapital 100 000 € dazu verwenden, über einen Zeitraum von 20 Jahren eine jährliche nachschüssige Rente zu beziehen. Über welche jährliche Auszahlung kann sie jeweils verfügen, wenn der jährliche Zinssatz in der Rentenphase 4 % beträgt?

(c) Für wie viele (volle) Jahre reichen 100 000 € aus, wenn Frau S. hiervon bei gleichem Zinssatz wie in (b) jährlich nachschüssig jeweils 12 000 € beziehen möchte?

Hinweis: Bitte beachten Sie, dass diese Aufgabe ohne Taschenrechner gelöst werden soll. Geben Sie daher die gewünschten Formeln an, und formen Sie diese gemäß der Aufgabenstellung um. Setzen Sie ferner die Zahlenwerte ein.

46▶L **Aufgabe 2.18** Herr M. nimmt einen Kredit in Höhe von 35 000 € zu einem jährlichen Zinssatz von 5 % auf. Die Rückzahlung erfolgt innerhalb von sieben Jahren durch konstante, nachschüssige (jährliche) Tilgungen. Wie hoch sind die Annuitäten im dritten und im vierten Jahr des Rückzahlungszeitraums?

Hinweis: Geben Sie zu dieser Aufgabe die ausgerechneten Ergebnisse an.

46▶L **Aufgabe 2.19** Frau L. verfügt über ein Kapital von 60 000 €.

(a) Auf welche Summe ist dieses Kapital bei einer vierteljährlichen Verzinsung von 1,5 % und Mitverzinsung der jeweils am Ende eines Quartals anfallenden Zinsen nach 8 Jahren angewachsen?

(b) Frau L. legt ihr Kapital auf einem Sparkonto für die Dauer von 3 Jahren an und zahlt während dieser Zeit monatlich jeweils zu Monatsbeginn 200 € auf dieses Konto ein. Das jeweils vorhandene Kapital wird zu einem monatlichen Zinssatz von 0,004 vergütet. Über welche Summe kann Frau L. nach Ablauf der 3 Jahre verfügen?

Hinweis: Bitte beachten Sie, dass diese Aufgabe ohne Taschenrechner gelöst werden soll. Geben Sie daher die gewünschten Formeln an, und formen Sie diese gemäß der Aufgabenstellung um. Setzen Sie ferner die Zahlenwerte ein.

46▶L **Aufgabe 2.20**

(a) Ein Startkapital K_0, welches zu 6 % Zinsen pro Jahr angelegt wurde, ist nach 7 Jahren auf einen Betrag von 15 036,30 € angewachsen. Wie groß war das Startkapital K_0?

(b) Welcher monatliche Zinssatz entspricht der jährlichen Verzinsung aus (a)?

Hinweis: Bitte beachten Sie, dass diese Aufgabe ohne Taschenrechner gelöst werden soll. Geben Sie daher die gewünschten Formeln an, und formen Sie diese gemäß der Aufgabenstellung um. Setzen Sie ferner die Zahlenwerte ein.

Lösungen

Lösung 2.1

34▶A

(a) $a_n = \frac{n-1}{n^2-1} = \frac{n-1}{(n+1)(n-1)} = \frac{1}{n+1} \to 0$ für $n \to \infty$

(b) $a_n = \frac{4n^4 - 3n^3 + 2n^2 - n}{n^2(2n-1)^2} = \frac{n^4\,(4 - \frac{3}{n} + \frac{2}{n^2} - \frac{1}{n^3})}{n^4\,(4 - \frac{4}{n} + \frac{1}{n^2})} \to \frac{4}{4} = 1$ für $n \to \infty$

Lösung 2.2

34▶A

(a) $\lim\limits_{n\to\infty} \frac{n^2-4}{(n-2)^2} = \lim\limits_{n\to\infty} \frac{(n-2)(n+2)}{(n-2)^2} = \lim\limits_{n\to\infty} \frac{n+2}{n-2} = \lim\limits_{n\to\infty} \frac{n(1+\frac{2}{n})}{n(1-\frac{2}{n})} = 1$

(b) $\lim\limits_{n\to\infty} \frac{(-1)^n n^2}{(n+1)^2\,(n+2)} = \lim\limits_{n\to\infty} \frac{(-1)^n n^2}{n^3 + 4n^2 + 5n + 2} = \lim\limits_{n\to\infty} (-1)^n \frac{n^3 \cdot \frac{1}{n}}{n^3\,(1 + \frac{4}{n} + \frac{5}{n^2} + \frac{2}{n^3})} = 0$

(c) $\lim\limits_{n\to\infty} \frac{4n^2 - 2n}{2n-1} = \lim\limits_{n\to\infty} \frac{2n(2n-1)}{2n-1} = \lim\limits_{n\to\infty} 2n = \infty$

Lösung 2.3

34▶A

(a) $\lim\limits_{n\to\infty} \frac{n^2+1}{3n^2-2n+1} = \lim\limits_{n\to\infty} \frac{n^2(1+\frac{1}{n^2})}{n^2(3-\frac{2}{n}+\frac{1}{n^2})} = \frac{1}{3}$

(b) $\lim\limits_{n\to\infty} \frac{n+1}{n^2-1} = \lim\limits_{n\to\infty} \frac{n+1}{(n+1)(n-1)} = \lim\limits_{n\to\infty} \frac{1}{n-1} = 0$

(c) $\lim\limits_{n\to\infty} \mathrm{e}^{(n+1)/(n^2-1)} = \mathrm{e}^0 = 1$ mit Regel (8) für Grenzwerte zusammengesetzter Folgen (s. KCO, S. 62), da $\lim\limits_{n\to\infty} \frac{n+1}{n^2-1} = 0$ nach (b).

Lösung 2.4

35▶A

(a) $\lim\limits_{n\to\infty} \frac{n^3}{2(n^3-n^2+n)} = \lim\limits_{n\to\infty} \frac{n^3 \cdot 1}{n^3(2-\frac{2}{n}+\frac{2}{n^2})} = \frac{1}{2}$

(b) $\lim\limits_{n\to\infty} \frac{n+1}{n} = \lim\limits_{n\to\infty} \left(1 + \frac{1}{n}\right) = 1 + 0 = 1$

(c) $\lim\limits_{n\to\infty} \ln\left(\frac{n+1}{n}\right) = \ln(1) = 0$ mit Regel (9) für Grenzwerte zusammengesetzter Folgen (s. KCO, S. 62), da $\lim\limits_{n\to\infty} \frac{n+1}{n} = 1$ nach (b).

Lösung 2.5

35▶A

(a) $\lim\limits_{n\to\infty} \frac{-2n^4+n^2-2}{6n^4-n^3+6} = \lim\limits_{n\to\infty} \frac{n^4(-2+\frac{1}{n^2}-\frac{2}{n^4})}{n^4(6-\frac{1}{n}+\frac{6}{n^4})} = \frac{-2}{6} = -\frac{1}{3}$

(b) $\lim\limits_{n\to\infty} \frac{(n+1)(n-2)}{-n^3+n^2+4} = \lim\limits_{n\to\infty} \frac{n^3(\frac{1}{n}-\frac{1}{n^2}-\frac{2}{n^3})}{n^3(-1+\frac{1}{n}+\frac{4}{n^2})} = \frac{0}{-1} = 0$

35▶A **Lösung 2.6**

(a) $\lim\limits_{n\to\infty} a_n = \lim\limits_{n\to\infty} \frac{7n^3+3n^2-4}{2n^3-n^{1/2}} = \lim\limits_{n\to\infty} \frac{7+\frac{3}{n}-\frac{4}{n^3}}{2-\frac{1}{n^{5/2}}} = \frac{7}{2}$

(b) $\lim\limits_{n\to\infty} a_n = \lim\limits_{n\to\infty} \frac{\left(\sqrt{9n^2-n+5}-\sqrt{9n^2+4n-7}\right)\left(\sqrt{9n^2-n+5}+\sqrt{9n^2+4n-7}\right)}{\sqrt{9n^2-n+5}+\sqrt{9n^2+4n-7}}$

$$= \lim\limits_{n\to\infty} \frac{9n^2-n+5-\left(9n^2+4n-7\right)}{\sqrt{9n^2-n+5}+\sqrt{9n^2+4n-7}} = \lim\limits_{n\to\infty} \frac{-5n+12}{n\sqrt{9-\frac{1}{n}+\frac{5}{n^2}}+n\sqrt{9+\frac{4}{n}-\frac{7}{n^2}}}$$

$$= \lim\limits_{n\to\infty} \frac{-5+\frac{12}{n}}{\sqrt{9-\frac{1}{n}+\frac{5}{n^2}}+\sqrt{9+\frac{4}{n}-\frac{7}{n^2}}} = \frac{-5}{\sqrt{9}+\sqrt{9}} = -\frac{5}{6}$$

(c) Es ist $16c^2 > 0$ für $c \in \mathbb{R}\backslash\{0\}$. Mit $\lim\limits_{n\to\infty} \frac{3n}{6n+5} = \lim\limits_{n\to\infty} \frac{3}{6+\frac{5}{n}} = \frac{1}{2}$ folgt

$$\lim\limits_{n\to\infty} a_n = \left(16c^2\right)^{\lim\limits_{n\to\infty} \frac{3n}{6n+5}} = \left(16c^2\right)^{\frac{1}{2}} = 4|c| \quad \text{(s. KCO, S. 62, (8))}$$

35▶A **Lösung 2.7**

(a) $\lim\limits_{n\to\infty} a_n = \lim\limits_{n\to\infty} \frac{-4n^5+n^3+3}{2n^5+5n^2} = \lim\limits_{n\to\infty} \frac{-4+\frac{1}{n^2}+\frac{3}{n^5}}{2+\frac{5}{n^3}} = \frac{-4}{2} = -2$

(b) $\lim\limits_{n\to\infty} a_n = \sqrt{\lim\limits_{n\to\infty}\left(1+\frac{4/3}{n}\right)^n} = \sqrt{e^{4/3}} = e^{2/3}$ (s. KCO, S. 62, (7))

(c) Es gilt: $2+n^3+(-1)^n \geq 2+n^3-1 = n^3+1 \geq n^3 > 0\ ,\ n \in \mathbb{N}$.

$$\Longrightarrow\ 0 < a_n = \frac{1}{2+n^3+(-1)^n} \leq \frac{1}{n^3}\ ,\ n \in \mathbb{N}$$

$$\Longrightarrow\ 0 = \lim\limits_{n\to\infty} 0 \leq \lim\limits_{n\to\infty} a_n \leq \lim\limits_{n\to\infty} \frac{1}{n^3} = 0 \quad \text{(s. KCO, S. 62, (5))}$$

$$\Longrightarrow\ \lim\limits_{n\to\infty} a_n = 0$$

35▶A **Lösung 2.8**

(a) $a_n = \frac{n^2\left(3-\frac{5}{n^2}\right)}{n^2\left(9+\frac{2}{n^2}-\frac{7}{n^{3/2}}\right)} = \frac{3-\frac{5}{n^2}}{9+\frac{2}{n^2}-\frac{7}{n^{3/2}}}\ ,\ n \in \mathbb{N} \ \Longrightarrow\ \lim\limits_{n\to\infty} a_n = \frac{3}{9} = \frac{1}{3}$

(b) $a_n = \frac{n^2-25}{n+5} = \frac{(n+5)(n-5)}{n+5} = n-5\ ,\ n \geq 6 \ \Longrightarrow\ \lim\limits_{n\to\infty} a_n = \infty$

(c) $a_n = \frac{\left(\sqrt{n^2+3n-1}-\sqrt{n^2+n+2}\right)\left(\sqrt{n^2+3n-1}+\sqrt{n^2+n+2}\right)}{\sqrt{n^2+3n-1}+\sqrt{n^2+n+2}}$

$$= \frac{n^2+3n-1-\left(n^2+n+2\right)}{\sqrt{n^2+3n-1}+\sqrt{n^2+n+2}} = \frac{2n-3}{n\sqrt{1+\frac{3}{n}-\frac{1}{n^2}}+n\sqrt{1+\frac{1}{n}+\frac{2}{n^2}}}$$

$$= \frac{2 - \frac{3}{n}}{\sqrt{1 + \frac{3}{n} - \frac{1}{n^2}} + \sqrt{1 + \frac{1}{n} + \frac{2}{n^2}}}, \; n \in \mathbb{N}$$

$$\Longrightarrow \lim_{n\to\infty} a_n = \frac{2}{\sqrt{1} + \sqrt{1}} = 1$$

Lösung 2.9

36▶A

(a) $a_n = \left(1 + \frac{1}{n}\right)^{-2n} = \left(\left(1 + \frac{1}{n}\right)^n\right)^{-2}, \; n \in \mathbb{N}$

$$\Longrightarrow \lim_{n\to\infty} a_n = \left(\lim_{n\to\infty}\left(1 + \frac{1}{n}\right)^n\right)^{-2} = \mathrm{e}^{-2} = \frac{1}{\mathrm{e}^2} \quad \text{(s. KCO, S. 62, (7))}$$

(b) Mittels Verschiebung der Summationsgrenzen erhält man

$$a_n = \sum_{k=2}^{n+2}\left(\frac{1}{3}\right)^{k-1} = \sum_{k=0}^{n}\left(\frac{1}{3}\right)^{k+1} = \frac{1}{3}\sum_{k=0}^{n}\left(\frac{1}{3}\right)^k, \; n \in \mathbb{N}$$

Es folgt mit Hilfe der Formel für die geometrische Reihe (s. KCO, S. 69)

$$\lim_{n\to\infty} a_n = \frac{1}{3}\lim_{n\to\infty}\sum_{k=0}^{n}\left(\frac{1}{3}\right)^k = \frac{1}{3}\sum_{k=0}^{\infty}\left(\frac{1}{3}\right)^k = \frac{1}{3}\,\frac{1}{1-\frac{1}{3}} = \frac{1}{3}\cdot\frac{3}{2} = \frac{1}{2}$$

Lösung 2.10

36▶A

(a) Für $k \in \mathbb{N}$ sei $a_k = \frac{k^2-1}{2^k}$. Zunächst gilt $a_1 = 0$. Mit $s_n = \sum_{k=1}^{n} a_k$ gilt für $k \geq 2$

$$\left|\frac{a_{k+1}}{a_k}\right| = \frac{\frac{(k+1)^2-1}{2^{k+1}}}{\frac{k^2-1}{2^k}} = \frac{1}{2}\cdot\frac{(k+1)^2-1}{k^2-1}$$

Wegen $\lim_{k\to\infty}\frac{1}{2}\frac{(k+1)^2-1}{k^2-1} = \frac{1}{2}\lim_{k\to\infty}\frac{k^2+2k}{k^2-1} = \frac{1}{2}\lim_{k\to\infty}\frac{1+\frac{2}{k}}{1-\frac{1}{k^2}} = \frac{1}{2} < 1$ konvergiert die Reihe $(s_n)_{n\in\mathbb{N}}$ nach dem Quotientenkriterium.

(b) Für $k \in \mathbb{N}$ sei $a_k = \frac{1}{k^3}$. Mit $s_n = \sum_{k=1}^{n} a_k$ gilt für $k \geq 1$

$$\left|\frac{a_{k+1}}{a_k}\right| = \frac{\frac{1}{(k+1)^3}}{\frac{1}{k^3}} = \frac{k^3}{(k+1)^3} = \frac{k^3}{k^3+3k^2+3k+1}$$

Wegen $\lim_{k\to\infty}\frac{k^3}{k^3+3k^2+3k+1} = \lim_{k\to\infty}\frac{1}{1+\frac{3}{k}+\frac{3}{k^2}+\frac{1}{k^3}} = 1$ kann über die Konvergenz der Reihe $(s_n)_{n\in\mathbb{N}}$ mit dem Quotientenkriterium keine Aussage getroffen werden.

36▶A **Lösung 2.11**

(a) Mittels Aufspaltung und Anwendung der Formeln für geometrische Reihen bzw. Exponentialreihen (s. KCO, S. 69 bzw. S. 71) erhält man

$$\sum_{k=1}^{\infty} \frac{2^{3k}+k!}{2^{2k}k!} = \sum_{k=1}^{\infty} \frac{2^{3k}}{2^{2k}k!} + \sum_{k=1}^{\infty} \frac{k!}{2^{2k}k!} = \sum_{k=1}^{\infty} \frac{2^k}{k!} + \sum_{k=1}^{\infty} \frac{1}{4^k} = \sum_{k=0}^{\infty} \frac{2^k}{k!} - 1 + \sum_{k=0}^{\infty} \frac{1}{4^k} - 1$$

$$= e^2 - 1 + \frac{1}{1-\frac{1}{4}} - 1 = e^2 - 2 + \frac{4}{3} = e^2 - \frac{2}{3}$$

(b) Setzt man $a_k = \dfrac{k+1}{2^{k+5}(k+2)}$, $k \in \mathbb{N}$, so gilt

$$\left|\frac{a_{k+1}}{a_k}\right| = \frac{(k+2)2^{k+5}(k+2)}{2^{k+6}(k+3)(k+1)} = \frac{(k+2)(k+2)}{2(k+1)(k+3)} = \frac{1}{2} \cdot \frac{(1+\frac{2}{k})(1+\frac{2}{k})}{(1+\frac{1}{k})(1+\frac{3}{k})} \overset{k\to\infty}{\longrightarrow} \frac{1}{2} \in [0,1)$$

Mit dem Quotienten-Kriterium folgt hieraus die Konvergenz der Reihe $(s_n)_{n\in\mathbb{N}}$.

36▶A **Lösung 2.12**

(a) Mittels Aufspaltung und Anwendung der Formeln für geometrische Reihen bzw. Exponentialreihen (s. KCO, S. 69 bzw. S. 71) erhält man

$$\sum_{k=0}^{\infty} \frac{(-5)^{k+1}+3^k k!}{5^k k!} = \sum_{k=0}^{\infty} \frac{(-5)^{k+1}}{5^k k!} + \sum_{k=0}^{\infty} \frac{3^k k!}{5^k k!} = -5\sum_{k=0}^{\infty} \frac{(-1)^k}{k!} + \sum_{k=0}^{\infty} \left(\frac{3}{5}\right)^k$$

$$= -5e^{-1} + \frac{1}{1-\frac{3}{5}} = -\frac{5}{e} + \frac{5}{2}$$

(b) Setzt man $a_k = \dfrac{(2k)!}{3^k (k!)^2}$, $k \in \mathbb{N}_0$, so gilt

$$\left|\frac{a_{k+1}}{a_k}\right| = \frac{(2(k+1))!\,3^k\,(k!)^2}{3^{k+1}\,((k+1)!)^2\,(2k)!} = \frac{(2k+2)(2k+1)(2k)!\,(k!)^2}{3\,((k+1)k!)^2\,(2k)!} = \frac{2\,(k+1)(2k+1)(k!)^2}{3\,(k+1)^2\,(k!)^2}$$

$$= \frac{2(2k+1)}{3(k+1)} = \frac{4k+2}{3k+3} \geq 1 \iff 4k+2 \geq 3k+3 \iff k \geq 1$$

Somit konvergiert die Reihe $(s_n)_{n\in\mathbb{N}}$ nicht gegen eine reelle Zahl (s. KCO, S. 70, Bemerkung), sondern gegen ∞.

36▶A **Lösung 2.13**

(a) Induktionsanfang ($n = 1$): $\displaystyle\sum_{k=1}^{1} \frac{1}{k(k+1)} = \frac{1}{1\cdot(1+1)} = \frac{1}{1+1}$.

Induktionsvoraussetzung: Gelte die Gleichung für ein $n \in \mathbb{N}$.

Induktionsschluss:

$$\sum_{k=1}^{n+1} \frac{1}{k(k+1)} = \sum_{k=1}^{n} \frac{1}{k(k+1)} + \frac{1}{(n+1)(n+2)} \overset{\text{Ind.-Vor.}}{=} \frac{n}{(n+1)} + \frac{1}{(n+1)(n+2)}$$

$$= \frac{n(n+2)+1}{(n+1)(n+2)} = \frac{n(n+1)+n+1}{(n+1)(n+2)} = \frac{n+1}{n+2} = \frac{n+1}{(n+1)+1}$$

Alternativ: Direkte Lösung (ohne Verwendung der vollständigen Induktion)

$$\sum_{k=1}^{n} \frac{1}{k(k+1)} = \sum_{k=1}^{n} \left(\frac{1}{k} - \frac{1}{k+1}\right) = \sum_{k=1}^{n} \frac{1}{k} - \sum_{k=2}^{n+1} \frac{1}{k} = 1 - \frac{1}{n+1} = \frac{n}{n+1}$$

(b) Mit (a) folgt: $\sum_{k=1}^{\infty} \frac{1}{k(k+1)} = \lim_{n\to\infty} \sum_{k=1}^{n} \frac{1}{k(k+1)} = \lim_{n\to\infty} \frac{n}{n+1} = \lim_{n\to\infty} \frac{1}{1+\frac{1}{n}} = 1$

Lösung 2.14 37▶A

(a) Nach der Formel für nachschüssige Zahlungen und nachschüssige Verzinsung (s. KCO, S. 73, Merkkasten; mit $Z_k = 0$) erhält man

$$K_3 = 100\,000 \cdot 1,1^3 = 100\,000 \cdot 1,331 = 133\,100$$

Der Kontostand beträgt also nach drei Jahren 133 100 €.

(b) Nach der o.g. Formel mit konstanten Zahlungen $Z = 10\,000$ erhält man

$$K_3 = 100\,000 \cdot 1,1^3 + 10\,000 \cdot \frac{\overbrace{1 - 1,1^3}^{=-0,331}}{\underbrace{1 - 1,1}_{=-0,1}} = 133\,100 + 33\,100 = 166\,200$$

Alternativ kann man das Endkapital auch direkt ausrechnen

$$K_3 = ((100\,000 \cdot 1,1 + 10\,000) \cdot 1,1 + 10\,000) \cdot 1,1 + 10\,000$$

Bei zusätzlichen jährlichen Zahlungen in Höhe von 10 000 € erhält man nach drei Jahren 166 200 €.

(c) Die allgemeine Formel lautet

$$K_n = K_0\, q^n + Z\, \frac{1-q^n}{1-q}$$

In (b) ist: Anfangskapital $K_0 = 100\,000$, Aufzinsungsfaktor $q = 1,1$, konstante Einzahlung $Z = 10\,000$, Laufzeit $n = 3$ (Jahre), also $K_3 = 100\,000 \cdot 1,1^3 + 10\,000 \cdot \frac{1-1,1^3}{1-1,1}$.

Lösung 2.15 37▶A

(a) Das Anfangskapital $K_0 = 25\,000$ sowie die konstanten nachschüssigen Einzahlungen $Z = 1\,000$ werden über die Laufzeit von $n = 10$ zu $p = 3,3$ (d.h. $q = 1 + \frac{p}{100} = 1,033$) verzinst. Das Endkapital berechnet sich aus der Formel (s. KCO, S. 73, Merkkasten)

$$K_n = K_0 \cdot q^n + Z \cdot \frac{1-q^n}{1-q}$$

wie folgt

$$K_{10} = 25\,000 \cdot 1,033^{10} + 1\,000 \cdot \frac{1-1,033^{10}}{1-1,033} \quad (\approx 46\,212,95[€])$$

(b) Um die Laufzeit n zu ermitteln, nach der das Kapital K_n mindestens 62 000 € beträgt, löst man die obige Gleichung nach n auf

$$\begin{aligned}
& K_n = K_0 \cdot q^n + Z \cdot \frac{1-q^n}{1-q} \\
\Longleftrightarrow \quad & K_n - \frac{Z}{1-q} = K_0 q^n - \frac{Z}{1-q} \cdot q^n \\
\Longleftrightarrow \quad & \frac{K_n - \frac{Z}{1-q}}{K_0 - \frac{Z}{1-q}} = q^n \\
\Longleftrightarrow \quad & \log\left(K_n - \frac{Z}{1-q}\right) - \log\left(K_0 - \frac{Z}{1-q}\right) = n \cdot \log(q) \\
\Longleftrightarrow \quad & n = \frac{\log\left(K_n - \frac{Z}{1-q}\right) - \log\left(K_0 - \frac{Z}{1-q}\right)}{\log(q)}
\end{aligned}$$

Nun setzt man $K_n = 62\,000$ und die anderen Werte ein und erhält eine reelle Zahl für n (hier $\approx 15{,}777$). Da nur am Ende einer Periode ausgezahlt werden kann, rundet man auf die nächst größere natürliche Zahl auf (Im Zahlenbeispiel resultiert daher die Periodenzahl 16).

37►A

Lösung 2.16

(a) Nach sechs Jahren liefert

- das Angebot der Hausbank

$$100\,000 \cdot 1{,}024^4 \cdot 1{,}05^2 \approx 100\,000 \cdot 1{,}100 \cdot 1{,}103 = 100\,000 \cdot 1{,}2133 = 121\,330$$

- das Angebot der Direktbank

$$100\,000 \cdot 1{,}032^6 \approx 100\,000 \cdot 1{,}208 = 120\,800$$

Folglich erbringt (bei einer Laufzeit von sechs Jahren) die Anlage bei der Hausbank ein höheres Endkapital als die Anlage bei der Direktbank.

(b) Nach fünf Jahren liefert

- das Angebot der Hausbank

$$100\,000 \cdot 1{,}024^4 \cdot 1{,}05 \approx 100\,000 \cdot 1{,}100 \cdot 1{,}05 = 100\,000 \cdot 1{,}155 = 115\,500$$

- das Angebot der Direktbank

$$100\,000 \cdot 1{,}032^5 \approx 100\,000 \cdot 1{,}171 = 117\,100$$

Somit ist das Angebot der Direktbank bei einer Laufzeit von fünf Jahren ertragreicher.

(c) Laut Tabelle ist das Kapital nach drei Jahren erst auf 109 900 € angewachsen. Nach vier Jahren beträgt es hingegen 113 400 €, also erstmals mehr als 110 000 €.

Lösung 2.17

38▶A

(a) Anhand der Formel für nachschüssige konstante Zahlungen und nachschüssige Verzinsung (s. KCO, S. 73, Merkkasten) erhält man mit $n = 25$, $q = 1,05$, $K_0 = 0$ [€], $Z = 3\,000$ [€]

$$K_n = Z\frac{q^n - 1}{q-1} = 3\,000 \cdot \frac{1,05^{25} - 1}{0,05} \text{ [€]} \quad (\approx 143\,181,30[\text{€}])$$

(b) Nach Ablauf der 20 Jahre soll das vorhandene Kapital von 100 000 € aufgebraucht sein, d.h. $K_{20} = 0$. Um die jährliche Auszahlung zu berechnen, muss die Formel für nachschüssige konstante Zahlungen und nachschüssige Verzinsung (s. KCO, S. 73, Merkkasten) nach Z aufgelöst werden. Man erhält

$$0 = K_n = K_0 q^n + Z\frac{q^n-1}{q-1} \iff Z = -K_0 q^n \frac{q-1}{q^n-1}$$

Einsetzen von $n = 20$, $q = 1,04$ und $K_0 = 100\,000$ [€] ergibt

$$Z = -100\,000 \cdot 1,04^{20} \cdot \frac{0,04}{1,04^{20} - 1} \text{ [€]} \quad (\approx -7\,358,18[\text{€}])$$

(Man vergleiche hierzu auch das letzte Beispiel zur Zinsrechnung in KCO, S. 75.)

(c) Um die gesuchte Laufzeit zu ermitteln, löst man die Darstellung für Z in (b) nach n auf. Man erhält (für $Z \cdot (Z + K_0(q-1)) > 0$)

$$\begin{aligned} Z = -K_0 q^n \frac{q-1}{q^n-1} &\iff Zq^n - Z = -K_0(q-1)q^n \\ \iff (Z + K_0(q-1))q^n = Z &\iff q^n = \frac{Z}{Z + K_0(q-1)} \\ \iff n\log(q) = \log\left(\frac{Z}{Z+K_0(q-1)}\right) &\iff n = \frac{\log\left(\frac{Z}{Z+K_0(q-1)}\right)}{\log(q)} \end{aligned}$$

Einsetzen von $Z = -12\,000$ [€], $K_0 = 100\,000$ [€] und $q = 1,04$ ergibt:

$$n = \frac{\log\left(\frac{-12\,000}{-12\,000 + 100\,000 \cdot 0,04}\right)}{\log(1,04)} = \frac{\log\left(\frac{-12\,000}{-8\,000}\right)}{\log(1,04)} = \frac{\log(1,5)}{\log(1,04)} \quad (\approx 10,34)$$

Rundet man die hierdurch erhaltene reelle Zahl auf die nächst größere natürliche Zahl auf (hier $n = 11$), resultiert die gesuchte Laufzeit (in vollen Jahren). Im letzten (11.) Jahr steht dann nur noch das Restkapital

$$K_{10} = 100\,000 \cdot 1,04^{10} + (-12\,000)\frac{1,04^{10} - 1}{1,04 - 1} \text{ [€]} \quad (\approx 3\,951,14[\text{€}])$$

als Auszahlung zur Verfügung.

Bemerkung: Man beachte, dass mit $Z = -12\,000 < 0$ und $Z + K_0(q-1) = -8\,000 < 0$ die für die obige Umformung erforderliche Voraussetzung erfüllt ist.

38▶A **Lösung 2.18** Es bezeichnen n die Laufzeit des Kredits, i den Zinssatz, S_0 die Anfangsschuld (Kreditsumme) sowie S_k die Restschuld nach Ablauf von k Jahren und Z_k die Annuität im k-ten Jahr für $k \in \{1, \dots, n\}$. Dann erhält man anhand der Formeln für die Tilgungsrechnung mit konstanten Tilgungsbeträgen (vgl. KCO, S. 76, Fall 1)

$$Z_k = i\,S_{k-1} + \frac{S_0}{n}\ ,\ k \in \{1, \dots, n\} \quad \text{und} \quad S_k = \left(1 - \frac{k}{n}\right) S_0\ ,\ k \in \{0, \dots, n\}$$

Hieraus folgt für $k \in \{1, \dots, n\}$

$$Z_k = i\left(1 - \frac{k-1}{n}\right) S_0 + \frac{S_0}{n} = \Big(i\,n - i\,(k-1)\Big)\frac{S_0}{n} + \frac{S_0}{n} = \frac{S_0}{n}\,(\,1 + i\,(n+1-k)\,)$$

Einsetzen von $n = 7,\ i = 0{,}05$ und $S_0 = 35\,000$ [€] ergibt

$$\begin{aligned} Z_3 &= \frac{35\,000}{7}(1 + 0{,}05 \cdot (8-3)) = 5\,000 \cdot 1{,}25 = 6\,250 \text{ [€]} \\ Z_4 &= \frac{35\,000}{7}(1 + 0{,}05 \cdot (8-4)) = 5\,000 \cdot 1{,}2 = 6\,000 \text{ [€]} \end{aligned}$$

38▶A **Lösung 2.19**

(a) Auf den betrachteten Zeitraum von 8 Jahren entfallen 32 Quartale. Die Anwendung der Formel für nachschüssige konstante Zahlungen und nachschüssige Verzinsung (s. KCO, S. 73, Merkkasten) mit $n = 32$ (Quartalen), Aufzinsungsfaktor $q = 1{,}015$ (pro Quartal), Anfangskapital $K_0 = 60\,000$ [€] sowie konstanten Zahlungen $Z = 0$ [€] ergibt dann

$$K_n = K_0\,q^n = 60\,000 \cdot 1{,}015^{32} \text{ [€]} \quad (\approx 96\,619{,}46\text{[€]})$$

(b) Im Unterschied zu (a) erfolgen nun *vorschüssige* monatliche Einzahlungen, und das jeweils vorhandene Kapital wird monatlich verzinst. Der betrachtete Zeitraum von 3 Jahren entspricht 36 Monaten. Unter Anwendung der Formel für vorschüssige konstante Zahlungen und nachschüssige Verzinsung (s. KCO, S. 77, Merkkasten) erhält man mit $n = 36$ [Monaten], Aufzinsungsfaktor $q = 1{,}004$ (pro Monat), Anfangskapital $K_0 = 60\,000$ [€] sowie konstanten (vorschüssigen) Zahlungen $Y = 200$ [€]

$$K_n = K_0\,q^n + Y\,q\,\frac{q^n - 1}{q - 1} = 60\,000 \cdot 1{,}004^{36} + 200 \cdot 1{,}004 \cdot \frac{1{,}004^{36} - 1}{0{,}004} \text{ [€]} \quad (\approx 77\,031{,}68\text{[€]})$$

38▶A **Lösung 2.20** Diese Aufgabe lässt sich anhand der Formel für nachschüssige konstante Zahlungen und nachschüssige Verzinsung (s. KCO, S. 73, Merkkasten) lösen.

(a) Um das gesuchte Anfangskapital zu ermitteln, löst man diese Formel nach K_0 auf. Man erhält mit $Z = 0$ [€]

$$K_n = K_0\,q^n \overset{q>0}{\Longleftrightarrow} K_0 = \frac{K_n}{q^n}$$

Einsetzen von $n = 7,\ q = 1{,}06$ und $K_n = 15\,036{,}30$ [€] ergibt dann

$$K_0 = \frac{15\,036{,}30}{1{,}06^7} \text{ [€]} \quad (\approx 10\,000\text{[€]})$$

(b) Es bezeichne i_M den gesuchten monatlichen Zinssatz und $q_M = 1 + i_M$ den zugehörigen monatlichen Aufzinsungsfaktor. Da beide Verzinsungen innerhalb eines Jahres dasselbe Endkapital K_1 ergeben sollen, erhält man aus der anfangs zitierten Formel mit q als jährlichem Aufzinsungsfaktor

$$K_0\left(1+i_M\right)^{12} = K_0\, q_M^{12} = K_1 = K_0\, q^1 \overset{K_0>0}{\iff} \left(1+i_M\right)^{12} = q \iff i_M = \sqrt[12]{q}-1$$

Einsetzen von $q = 1,06$ ergibt den monatlichen Zinssatz

$$i_M = \sqrt[12]{1,06} - 1 \quad (\approx 0,0049 = 0,49\%)$$

3 Funktionen einer Variablen

Checkliste

Thema	KCO	☹	😐	☺
Einführung in die Begriffe	83	☐	☐	☐
Funktion, Funktionswert, Argument, Definitionsbereich, Wertebereich, Graf	83	☐	☐	☐
Verknüpfung von Funktionen, insbesondere Komposition	87	☐	☐	☐
Nach oben oder unten beschränkte Funktion, monotone Funktion	89	☐	☐	☐
Achsensymmetrie zur $f(x)$-Achse, Punktsymmetrie zu $(0,0)$	89	☐	☐	☐
Nullstelle, lokale oder globale Extremalstelle	89	☐	☐	☐
Umkehrfunktion	92	☐	☐	☐
Grenzwerte	93	☐	☐	☐
Einseitige Grenzwerte und Konvergenz	95	☐	☐	☐
Regeln für das Rechnen mit Grenzwerten	98	☐	☐	☐
Stetigkeit	99	☐	☐	☐
Definition der Stetigkeit	99	☐	☐	☐
Stetige Fortsetzung, stetig hebbare Lücke	100	☐	☐	☐
Stetigkeit verketteter Funktionen	101	☐	☐	☐

Thema	KCO	☹	😐	☺
Minimum und Maximum stetiger Funktionen	102	☐	☐	☐
Grundlegende Funktionen	102	☐	☐	☐
Polynome	102	☐	☐	☐
Gebrochen rationale Funktionen	104	☐	☐	☐
Potenzfunktionen	106	☐	☐	☐
Exponential- und Logarithmusfunktionen	106	☐	☐	☐

F Fragen zum Verständnis

F.1 Erläutern Sie die in der Notation $f : D \to \mathbb{R}$ auftretenden Symbole.

F.2 Was ist der Graf einer Funktion?

F.3 Geben Sie Beispiele für Funktionen einer Variablen an, die in den Wirtschaftswissenschaften zur Modellierung verwendet werden.

F.4 Was versteht man unter der Komposition (Hintereinanderausführung) von Funktionen? Geben Sie ein Beispiel, und illustrieren Sie die Vorgehensweise durch eine Abbildung.

F.5 Erklären Sie die Begriffe Nullstelle und y-Achsenabschnitt einer Funktion.

F.6 Definieren Sie den Begriff der Monotonie einer Funktion.

F.7 Erklären Sie, was ein lokales Minimum ist.

F.8 Wann heißen die Funktionen $f : D \to W$ und $g : W \to D$ Umkehrfunktionen zueinander? Was bedeutet das für die zugehörigen Grafen geometrisch?

F.9 Erklären Sie den Unterschied zwischen $\frac{1}{f}$ und f^{-1}.

Lösungen

F.1 KCO, S. 83, Bezeichnungskasten.
F.2 KCO, S. 83, Bezeichnungskasten.
F.3 KCO, S. 84ff., Beispiele.
F.4 KCO, S. 88, Bezeichnungskasten.
F.5 KCO, S. 89 & 103, Bezeichnungskasten bzw. Text.
F.6 KCO, S. 89, Bezeichnungskasten.
F.7 KCO, S. 91, Bezeichnungskasten.
F.8 KCO, S. 92, Bezeichnungskasten.
F.9 KCO, S. 88, Merkkasten und S. 92, Bezeichnungskasten und Bemerkung.

F.10 Was bedeutet die Aussage „$a \in \mathbb{R}$ ist rechtsseitiger Grenzwert von f an der Stelle x_0 “?

F.11 Wann heißt f an der Stelle x_0 von links konvergent gegen $+\infty$?

F.12 Was ist eine Unstetigkeitsstelle einer Funktion? Erläutern Sie dies sowohl formal über Grenzwerte als auch durch eine Skizze.

F.13 Gibt es unter Ihren Funktionsbeispielen aus Frage F.3 Funktionen mit einer Unstetigkeitsstelle? Falls nicht, überlegen Sie sich eine Funktion aus den Wirtschaftswissenschaften mit mindestens einer Unstetigkeitsstelle.

F.14 Welcher Begriff wird durch die Eigenschaft $\lim_{x \to x_0} f(x) = f(x_0)$ für eine Funktion $f : D \to \mathbb{R}$ mit $x_0 \in D \subseteq \mathbb{R}$ definiert?

F.15 Ist die Verknüpfung stetiger Funktionen mittels der Grundrechenarten wieder stetig? Überlegen Sie, ob ggf. zusätzliche Bedingungen (bei Quotienten) erforderlich sind, und geben Sie ein Beispiel für diese Situation an.

F.16 Welche Zusammenhänge zwischen einer stetigen Funktion $f : [a, b] \to \mathbb{R}$ und ihren Extremwerten auf dem Intervall $[a, b]$ kennen Sie?

F.17 Geben Sie einige grundlegende Funktionen an. Erläutern Sie deren Eigenschaften auch anhand einer (qualitativen) Skizze.

F.18 Was ist ein Polynom?

F.19 Welcher Zusammenhang besteht zwischen Logarithmus- und Exponentialfunktionen?

F.20 Was ist der Unterschied zwischen Potenz- und Exponentialfunktionen?

Lösungen

F.10 KCO, S. 95/96, Definition.
F.11 KCO, S. 95/96, Definition.
F.12 KCO, S. 99, Definition, bzw. S. 84 im Text.
F.13 KCO, S. 85f., Beispiel.
F.14 KCO, S. 100, Merkkasten.
F.15 KCO, S. 101, Merkkasten und Beispiele, S. 102; beachten Sie, dass für Quotienten $g(x) \neq 0$ gefordert werden muss.
F.16 KCO, S. 102, Merkkasten.
F.17 KCO, S. 102–109: Polynome, gebrochen rationale Funktionen, Potenzfunktionen, Exponentialfunktionen, Logarithmusfunktionen.
F.18 KCO, S. 102.
F.19 KCO, S. 108, Merkkasten.
F.20 KCO, S. 106f., Bezeichnungskästen und Grafen.

Multiple Choice Fragen

M.1 Welche der folgenden Aussagen ist falsch?

Ⓐ Für jeden Wert im Definitionsbereich gibt es einen zugehörigen Wert im Wertebereich.

Ⓑ Für jeden Funktionswert gibt es einen zugehörigen Wert im Definitionsbereich.

Ⓒ Die Funktionswerte sind stets Elemente des Wertebereichs.

Ⓓ Der Graf einer Funktion ist Teilmenge des kartesischen Produkts des Definitions- und des Wertebereichs.

Ⓔ Der Graf einer Funktion ist Teilmenge ihres Definitionsbereiches.

M.2 Welche der folgenden Bilder stellen Grafen von Funktionen mit der Zuordnung $x \mapsto f(x)$ dar?

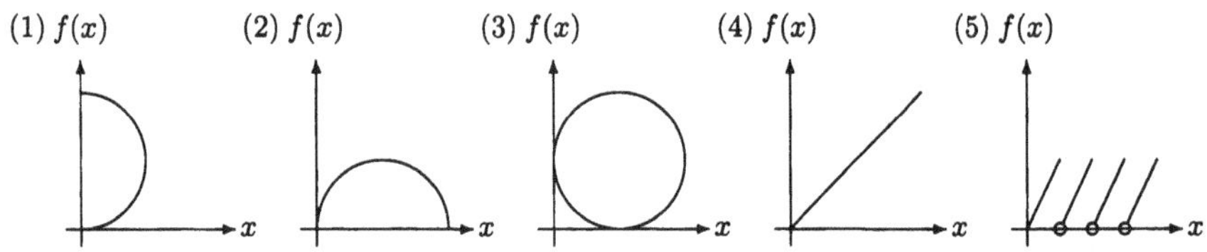

Ⓐ (1), (2) und (4).

Ⓑ (2), (4) und (5).

Ⓒ Alle außer (5).

Ⓓ Alle außer (3).

Ⓔ Alle.

M.3 Die Funktionen f, g, $h : \mathbb{R} \to \mathbb{R}$ seien gegeben durch

$$f(x) = x^3, \quad g(x) = \frac{1}{x^2+1}, \quad h(x) = e^x$$

Welche der folgenden Kompositionen ist richtig ausgeführt?

Ⓐ $(f \circ h)(x) = e^{3x}$

Ⓑ $(h \circ f)(x) = e^{3x}$

Ⓒ $(h \circ g)(x) = \dfrac{1}{e^{2x}+1}$

Ⓓ $(f \circ g)(x) = \dfrac{1}{x^3+1}$

Ⓔ $(f \circ g)(x) = \dfrac{1}{x^6+1}$

Lösungen

M.1 E, s. KCO, S. 83, Bezeichnungskasten.

M.2 B, denn in (1) und (3) gibt es für einige $x \in D$ mehrere „Funktionswerte“ (s.a. KCO, S. 83, Bezeichnungskasten).

M.3 A, denn $(h \circ f)(x) = e^{(x^3)}$, $(h \circ g)(x) = e^{\frac{1}{x^2+1}}$, $(f \circ g)(x) = \frac{1}{(x^2+1)^3}$.

M.4 Gegeben seien die Funktionen f, g, h, k, $l : (0,\infty) \to (0,\infty)$ mit

(1) $f(x) = x^2$

(2) $g(x) = x$

(3) $h(x) = \sqrt{x}$

(4) $k(x) = \ln(x+1)$

(5) $l(x) = \frac{1}{x}$

Welche Paare bestehen ausschließlich aus Umkehrfunktionen?

Ⓐ 1-3, 2-5

Ⓑ 2-2, 3-5

Ⓒ 1-4, 2-5

Ⓓ 2-5, 3-4

Ⓔ 2-2, 5-5

M.5 Seien $D \subseteq \mathbb{R}$, $M \in \mathbb{R}$ und $f:\ D \to \mathbb{R}$ eine Funktion.

(1) f ist beschränkt.

(2) M ist obere Schranke von f.

(3) f ist streng monoton wachsend auf D.

(4) f ist ungerade.

(5) f ist gerade.

(a) $\forall x \in D:\ f(x) = f(-x)$

(b) $\forall x \in D:\ f(x) \leq M$

(c) $\forall x, y \in D:\ x < y \Longrightarrow f(x) < f(y)$

Welche Paare gehören zusammen?

Ⓐ 1-b, 4-a

Ⓑ 2-b, 4-a

Ⓒ 1-b, 5-a

Ⓓ 3-c, 4-a

Ⓔ 3-c, 5-a

Lösungen

M.4 E, denn richtig sind 1-3, 2-2, 5-5.
M.5 E, denn richtig sind 2-b, 3-c, 5-a.

M.6 Seien $D \subseteq \mathbb{R}$, $f : D \to \mathbb{R}$ eine Funktion und $x^* \in D$. Welche der folgenden Definitionen ist falsch?

Ⓐ x^* heißt globale Minimalstelle $\iff \forall x \in D: \; f(x) \geq f(x^*)$

Ⓑ $f(x^*)$ heißt globales Extremum $\iff x^*$ ist globale Minimal- oder Maximalstelle

Ⓒ x^* heißt globale Maximalstelle $\iff \exists \varepsilon > 0 \; \forall x \in (x^* - \varepsilon, x^* + \varepsilon) \cap D: \; f(x) \leq f(x^*)$

Ⓓ $f(x^*)$ heißt globales Minimum $\iff \forall x \in D: \; f(x) \geq f(x^*)$

Ⓔ x^* heißt lokale Minimalstelle $\iff \exists \varepsilon > 0 \; \forall x \in (x^* - \varepsilon, x^* + \varepsilon) \cap D: \; f(x) \geq f(x^*)$

M.7 Seien D, $W \subseteq \mathbb{R}$, $f : D \to W$ eine Funktion und $x_0 \in \mathbb{R}$. Welche der folgenden Definitionen ist falsch?

Ⓐ f heißt an der Stelle x_0 von rechts konvergent gegen $g \in \mathbb{R}$, falls

$$\forall \varepsilon > 0 \; \exists \delta > 0 \; \forall x \in (x_0 - \delta, x_0 + \delta): \; |f(x) - g| < \varepsilon$$

Ⓑ f heißt an der Stelle x_0 von links konvergent gegen $+\infty$, falls

$$\forall M \in \mathbb{R} \; \exists \delta > 0 \; \forall x \in (x_0 - \delta, x_0): \; f(x) > M$$

Ⓒ f heißt an der Stelle x_0 konvergent gegen $-\infty$, falls

$$\forall M \in \mathbb{R} \; \exists \delta > 0 \; \forall x \in (x_0 - \delta, x_0 + \delta) \setminus \{x_0\}: \; f(x) < M$$

Ⓓ f heißt für $x \to -\infty$ konvergent gegen $g \in \mathbb{R}$, falls

$$\forall \varepsilon > 0 \; \exists t \in \mathbb{R} \; \forall x < t: \; |f(x) - g| < \varepsilon$$

Ⓔ f heißt für $x \to \infty$ konvergent gegen $+\infty$, falls

$$\forall M \in \mathbb{R} \; \exists t \in \mathbb{R} \; \forall x > t: \; f(x) > M$$

M.8 Seien $D \subseteq \mathbb{R}$, $f : D \to \mathbb{R}$ eine Funktion und $x_0 \in D$. Welche der Aussagen ist falsch?

Ⓐ Falls f nicht stetig in x_0 ist, heißt x_0 Unstetigkeitsstelle von f.

Ⓑ f ist stetig in D, falls f stetig in x für alle $x \in D$ ist.

Ⓒ f ist nicht stetig in x_0, falls $f(x)$ für $x \to x_0$ nicht gegen $f(x_0)$ konvergiert.

Ⓓ f ist stetig in x_0, falls $\lim\limits_{x \to x_0-} f(x)$ und $\lim\limits_{x \to x_0+} f(x)$ endlich existieren.

Ⓔ f ist stetig in x_0, falls

$$\forall \varepsilon > 0 \; \exists \delta > 0 \; \forall x \in (x_0 - \delta, x_0 + \delta) \cap D: \; |f(x_0) - f(x)| < \varepsilon$$

Lösungen

M.6 C, s. KCO, S. 89 & 91, Bezeichnungskästen.

M.7 A, s. KCO, S. 95/96, Definition.

M.8 D, Gegenbeispiel: $f(x) = \begin{cases} 0, \text{ falls } x \leq 0 \\ 1, \text{ falls } x > 0 \end{cases}$ ist nicht stetig in $x_0 = 0$, aber $\lim\limits_{x \to 0^-} f(x) = 0$ und $\lim\limits_{x \to 0^+} f(x) = 1$, bzw. s. KCO, S. 99f.

M.9 Ordnen Sie (qualitativ) diese Grafen

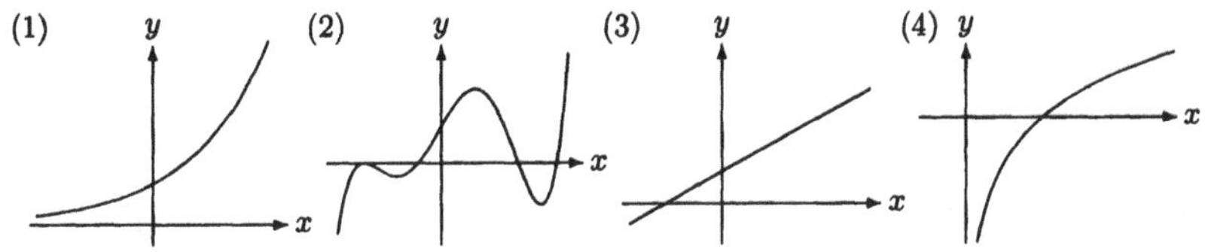

den folgenden Gruppen grundlegender Funktionen zu:

(a) lineare Funktion
(b) Polynom
(c) gebrochen rationale Funktion
(d) Exponentialfunktion
(e) Logarithmusfunktion

Welche Antwort enthält ausschließlich falsche Paare?

Ⓐ 1-a, 2-b
Ⓑ 1-d, 3-b
Ⓒ 2-e, 3-d
Ⓓ 2-d, 4-e
Ⓔ 3-a, 4-b

Klausuraufgaben

Aufgabe 3.1 Zwischen der in einer Mensa (durchschnittlich) nachgefragten Anzahl x eines Mittagsgerichts und dem hierfür zu entrichtenden Preis p (in €) bestehe folgender Zusammenhang 58▶L

$$x = \frac{b}{2p} + a$$

Hierbei sind $a, b \in \mathbb{R}$ noch zu bestimmende Parameter. Der Mensaleitung ist bekannt, dass bei einem Preis von 1,75 € pro Mittagessen täglich 2 000 Gerichte verkauft werden, während bei einem Preis von 2,80 € lediglich noch 500 Gerichte nachgefragt werden.

(a) Bestimmen Sie die Werte der Parameter a und b .

(b) Wie viele Gerichte werden (vermutlich) bei einem Preis von 2 € pro Mittagessen verkauft?

Lösungen

M.9 C, s. KCO, S. 102–109.

(c) Ab welchem Preis pro Mittagessen wird in der Mensa aufgrund der obigen Nachfragefunktion kein Gericht mehr verkauft?

(d) Um wie viel Prozent erhöht sich die Anzahl verkaufter Gerichte, wenn der Preis pro Mittagessen von 1,75 € auf 1,40 € gesenkt wird?

59►L **Aufgabe 3.2** Verketten Sie die folgenden Funktionen f und g jeweils zu $f \circ g$ und $g \circ f$. Die Definitionsbereiche der Funktionen können als geeignet angenommen werden.

(a) $f(x) = 2x$, $g(y) = y^2$

(b) $f(x) = 4x^3$, $g(y) = \frac{2}{y}$

(c) $f(x) = e^{3x}$, $g(y) = \ln(y + \frac{1}{3})$

59►L **Aufgabe 3.3** Verketten Sie die folgenden Funktionen f und g jeweils zu $f \circ g$ und $g \circ f$. Dabei können die Definitionsbereiche der Funktionen als geeignet angenommen werden.

(a) $f(x) = 2x^2 - 4x + 1$, $g(y) = y^2 - 1$

(b) $f(x) = \sqrt{x\sqrt{x}}$, $g(y) = 16y^4$

59►L **Aufgabe 3.4** Bestimmen Sie zu folgenden Funktionen jeweils die Umkehrfunktion.

(a) $f : [-1, 1] \longrightarrow [-5, 1]$, $f(x) = 3x - 2$

(b) $f : [0, \infty) \longrightarrow [0, \infty)$, $f(x) = x^4$

(c) $f : \mathbb{R} \longrightarrow (0, \infty)$, $f(x) = \frac{1}{2}e^{3x}$

59►L **Aufgabe 3.5** Bestimmen Sie die Umkehrfunktionen zu den folgenden Funktionen.

(a) $f : (0, \infty) \longrightarrow \mathbb{R}$, $f(x) = \log(x^2)$

(b) $f : \mathbb{R} \longrightarrow (1, \infty)$, $f(x) = 3^{ax} + 1$ mit $a \neq 0$

60►L **Aufgabe 3.6** Die Funktionen $f : [0, \infty) \longrightarrow [-7, \infty)$ und $g : [-7, \infty) \longrightarrow [0, \infty)$ seien definiert durch $f(x) = \dfrac{x^4 - 5x^2 - 14}{x^2 + 2}$ für $x \in [0, \infty)$ bzw. $g(y) = \sqrt{y + 7}$ für $y \in [-7, \infty)$. Zeigen Sie, dass f und g Umkehrfunktionen zueinander sind.

60►L **Aufgabe 3.7** Bestimmen Sie die folgenden Grenzwerte:

(a) $\lim\limits_{x \to 1} (x^2 - x)$

(b) $\lim\limits_{x \to -1} (x^3 + x^2 + x + 1)$

(c) $\lim\limits_{x \to \infty} (x - 1)$

(d) $\lim\limits_{x \to \infty} (x^2 - 10x + 5)$

Aufgabe 3.8 Berechnen Sie die folgenden Grenzwerte: 61▶L

(a) $\lim\limits_{x \to \infty} \left(\frac{1}{4}x^4 - 4x^2 + 1\right)$

(b) $\lim\limits_{x \to -\infty} (-x^4 + 8x^2 - 16)$

(c) $\lim\limits_{x \to \infty} (x^3 - 3x^2 + 2)$

(d) $\lim\limits_{x \to -\infty} (x^3 + 2x^2 + 3x + 4)$

Aufgabe 3.9 Berechnen Sie die folgenden Grenzwerte: 61▶L

(a) $\lim\limits_{x \to 3} \frac{x^2 - 2x - 3}{x^3 - 2x^2 + x - 12}$

(b) $\lim\limits_{x \to 2} \frac{x^2 - 4}{x^3 - 2x^2 + 3x - 6}$

(c) $\lim\limits_{t \to 2} \frac{t^2 - t - 2}{t^3 - 2t^2 - t + 2}$

Aufgabe 3.10 Bestimmen Sie die folgenden Grenzwerte: 62▶L

(a) $\lim\limits_{y \to 1} \left(y^2 + \frac{1}{2y}\right)$

(b) $\lim\limits_{x \to 4-} \frac{x + 2}{x^2 - 16}$ und $\lim\limits_{x \to 4+} \frac{x + 2}{x^2 - 16}$

Aufgabe 3.11 Die Funktion $r : \mathcal{D} \longrightarrow \mathbb{R}$, definiert durch $r(x) = \frac{ax^2 + bx + c}{2x^2 - 50}$, $x \in \mathcal{D}$, 62▶L
(mit $\mathcal{D} \subseteq \mathbb{R}$ und $a, b, c \in \mathbb{R}$) sei durch die folgenden Eigenschaften festgelegt

$$\text{(i)} \quad r(1) = -\frac{1}{12} \qquad \text{(ii)} \quad r(0) = -\frac{3}{25} \qquad \text{(iii)} \quad 2a + 4b + c = 0$$

(a) Bestimmen Sie den maximalen Definitionsbereich $\mathcal{D}$.

(b) Bestimmen Sie die Parameter a, b und c.

(c) Geben Sie sämtliche Nullstellen von r an.

(d) Bestimmen Sie $\lim\limits_{x \to +\infty} r(x)$ und $\lim\limits_{x \to -\infty} r(x)$.

(e) Ist die Funktion r stetig in $x_0 = 2$? Begründen Sie Ihre Antwort!

63▶L **Aufgabe 3.12** Die Funktion $f : (0,\infty) \longrightarrow \mathbb{R}$, definiert durch $f(x) = ax + b + \frac{c}{x}$, $x \in (0,\infty)$, mit Parametern $a, b, c \in \mathbb{R}$ sei durch die folgenden Eigenschaften festgelegt

$$\text{(i)} \quad f(1) = 0 \qquad \text{(ii)} \quad f(2) = 1 \qquad \text{(iii)} \quad f(4) = 0$$

(a) Bestimmen Sie die drei Parameter a, b und c.

(b) Bestimmen Sie die Menge $\mathcal{L} = \{x \in (0,\infty) \mid f(x) > 0\}$.

(c) Bestimmen Sie $\lim\limits_{x \to 0+} f(x)$.

Lösungen

55▶A **Lösung 3.1**

(a) Einsetzen der gegebenen Anzahlen und Preise ergibt

$$\text{(I)} \ 2\,000 = \frac{b}{2 \cdot 1{,}75} + a = \frac{b}{3{,}5} + a \quad \text{(II)} \ 500 = \frac{b}{2 \cdot 2{,}8} + a = \frac{b}{5{,}6} + a$$

$$\text{(I)} - \text{(II)} \Longrightarrow \quad 1\,500 = \frac{b}{3{,}5} - \frac{b}{5{,}6} = \frac{2{,}1}{3{,}5 \cdot 5{,}6}\, b$$

$$\Longrightarrow \quad b = \frac{1\,500 \cdot 35 \cdot 56}{210} = 50 \cdot 5 \cdot 56 = 14\,000$$

Einsetzen in (I) ergibt $a = 2\,000 - \frac{14\,000}{3{,}5} = 2\,000 - 4\,000 = -2\,000.$

Somit erhält man folgenden funktionalen Zusammenhang

$$x(p) = \frac{b}{2p} + a = \frac{7\,000}{p} - 2\,000 \ , \ p > 0 \qquad (*)$$

(b) $p = 2$ eingesetzt in $(*)$ ergibt $x(2) = \frac{7\,000}{2} - 2\,000 = 1\,500.$

(c) $x = 0$ eingesetzt in $(*)$ ergibt $0 = \frac{7\,000}{p} - 2\,000 \Longrightarrow p = \frac{7\,000}{2\,000} = 3{,}50$ [€].

Ab einem Preis von 3,50 € wird in der Mensa kein Gericht mehr verkauft. (Monotonie beachten!)

(d) $p = 1{,}4$ eingesetzt in $(*)$ ergibt $x(1{,}4) = \frac{7\,000}{1{,}4} - 2\,000 = 5\,000 - 2\,000 = 3\,000.$

Damit erhält man für die Anzahl verkaufter Gerichte folgende prozentuale Erhöhung

$$\frac{x(1{,}4) - x(1{,}75)}{x(1{,}75)} = \frac{3\,000 - 2\,000}{2\,000} = 0{,}5 \ \hat{=} \ 50\,\%$$

Lösung 3.2 56▶A

(a) $f \circ g(y) = 2(y^2) = 2y^2, \quad g \circ f(x) = (2x)^2 = 4x^2$

(b) $f \circ g(y) = 4\left(\frac{2}{y}\right)^3 = \frac{32}{y^3}, \quad g \circ f(x) = \frac{2}{4x^3} = \frac{1}{2x^3}$

(c) $f \circ g(y) = \mathrm{e}^{3\ln(y+\frac{1}{3})} = (y + \frac{1}{3})^3, \quad g \circ f(x) = \ln(\mathrm{e}^{3x} + \frac{1}{3})$

Lösung 3.3 56▶A

(a) $f \circ g(y) = 2(y^2 - 1)^2 - 4(y^2 - 1) + 1 = 2(y^4 - 2y^2 + 1) - 4y^2 + 4 + 1 = 2y^4 - 8y^2 + 7$
$g \circ f(x) = (2x^2 - 4x + 1)^2 - 1 = (2x^2 - 4x)^2 + 2(2x^2 - 4x) + 1 - 1$
$= 4x^4 - 2 \cdot 2x^2 \cdot 4x + 16x^2 + 4x^2 - 8x = 4x^4 - 16x^3 + 20x^2 - 8x$

(b) $f \circ g(y) = \sqrt{16y^4\sqrt{16y^4}} = \sqrt{64y^6} = 8|y|^3, \; g \circ f(x) = 16\left(\sqrt{x\sqrt{x}}\right)^4 = 16x^2\left(\sqrt{x}\right)^4 = 16x^3$

Lösung 3.4 56▶A

(a) Es gilt für $x \in [-1, 1]$, $y \in [-5, 1]$

$$f(x) = y \iff 3x - 2 = y \iff 3x = y + 2 \iff x = \tfrac{1}{3}(y + 2)$$

Somit ist die Umkehrfunktion

$$f^{-1} : [-5, 1] \longrightarrow [-1, 1], \quad f^{-1}(y) = \tfrac{1}{3}(y + 2)$$

(b) Es gilt für x, $y \geq 0$

$$f(x) = y \iff x^4 = y \iff x = \sqrt[4]{y}$$

Somit ist die Umkehrfunktion

$$f^{-1} : [0, \infty) \longrightarrow [0, \infty), \quad f^{-1}(y) = \sqrt[4]{y}$$

(c) Es gilt für $x \in \mathbb{R}$, $y > 0$

$$f(x) = y \iff \tfrac{1}{2}\,\mathrm{e}^{3x} = y \iff \mathrm{e}^{3x} = 2y \overset{y>0}{\iff} 3x = \ln(2y) \iff x = \tfrac{1}{3}\ln(2y)$$

Somit ist die Umkehrfunktion

$$f^{-1} : (0, \infty) \longrightarrow \mathbb{R}, \quad f^{-1}(y) = \tfrac{1}{3}\ln(2y)$$

Lösung 3.5 56▶A

(a) Es gilt für $x > 0$, $y \in \mathbb{R}$

$$f(x) = y \iff \log(x^2) = y \iff x^2 = 10^y \iff x = \sqrt{10^y}$$

Somit ist die Umkehrfunktion

$$f^{-1} : \mathbb{R} \longrightarrow (0, \infty), \quad f^{-1}(y) = \sqrt{10^y}$$

(b) Da $a \neq 0$ vorausgesetzt ist, gilt für $x \in \mathbb{R}$, $y > 1$

$$f(x) = y \iff 3^{ax}+1 = y \iff 3^{ax} = y-1 \iff ax = \log_3(y-1) \iff x = \tfrac{1}{a}\log_3(y-1)$$

Somit ist die Umkehrfunktion

$$f^{-1} : (1, \infty) \longrightarrow \mathbb{R}, \quad f^{-1}(y) = \tfrac{1}{a}\log_3(y - 1)$$

56▶A **Lösung 3.6** *1. Lösung mittels Vereinfachung von f*
Die Polynomdivision

$$
\begin{array}{l}
(x^4 - 5x^2 - 14) : (x^2+2) = x^2 - 7 \\
\underline{-x^4 - 2x^2} \\
\ -7x^2 - 14 \\
\ \underline{7x^2 + 14} \\
0
\end{array}
$$

liefert die Darstellung

$$f(x) = \frac{x^4 - 5x^2 - 14}{x^2+2} = \frac{(x^2+2)(x^2-7)}{x^2+2} = x^2 - 7, \quad x \in [0,\infty)$$

Wegen $(\sqrt{t})^2 = t$ für $t \geq 0$ bzw. $\sqrt{z^2} = |z| = z$ für $z \geq 0$ folgt

(i) $f(g(y)) = \left(\sqrt{y+7}\right)^2 - 7 = y + 7 - 7 = y,\ y \in [-7,\infty)$

(ii) $g(f(x)) = \sqrt{x^2 - 7 + 7} = \sqrt{x^2} = |x| = x,\ x \in [0,\infty)$

2. Lösung ohne Vereinfachung von f

(i')
$$f(g(y)) = \frac{\left(\sqrt{y+7}\right)^4 - 5\left(\sqrt{y+7}\right)^2 - 14}{\left(\sqrt{y+7}\right)^2 + 2} = \frac{(y+7)^2 - 5(y+7) - 14}{y+7+2}$$
$$= \frac{y^2 + 14y + 49 - 5y - 35 - 14}{y+9} = \frac{y^2+9y}{y+9} = \frac{y(y+9)}{y+9} = y,\ y \in [-7,\infty)$$

(ii')
$$g(f(x)) = \sqrt{\frac{x^4 - 5x^2 - 14}{x^2+2} + 7} = \sqrt{\frac{x^4 - 5x^2 - 14 + 7x^2 + 14}{x^2+2}}$$
$$= \sqrt{\frac{x^4 + 2x^2}{x^2+2}} = \sqrt{\frac{x^2(x^2+2)}{x^2+2}} = \sqrt{x^2} = |x| = x,\ x \in [0,\infty)$$

Gemäß (i) und (ii) bzw. (i') und (ii') sind f und g Umkehrfunktionen zueinander.

56▶A **Lösung 3.7** Bei den Grenzwerten $x \to +\infty$ oder $x \to -\infty$ ist lediglich der Term mit dem größten Exponenten maßgebend.

(a) $\lim\limits_{x \to 1} (x^2 - x) = 1 - 1 = 0$, da Polynome stetig sind.

(b) $\lim\limits_{x \to -1} (x^3 + x^2 + x + 1) = -1 + 1 - 1 + 1 = 0$, da Polynome stetig sind.

(c) $\lim\limits_{x \to \infty} (x - 1) = \lim\limits_{x \to \infty} x = \infty$

(d) $\lim\limits_{x \to \infty} (x^2 - 10x + 5) = \lim\limits_{x \to \infty} x^2 = \infty$

Lösung 3.8 Bei den Grenzwerten $x \to +\infty$ oder $x \to -\infty$ ist lediglich der Term mit dem größten Exponenten maßgebend. 57▶A

(a) $\lim\limits_{x\to\infty} (\frac{1}{4}x^4 - 4x^2 + 1) = \lim\limits_{x\to\infty} \frac{1}{4}x^4 = \infty$

(b) $\lim\limits_{x\to-\infty} (-x^4 + 8x^2 - 16) = \lim\limits_{x\to\infty} (-(-x)^4) = \lim\limits_{x\to\infty} (-x^4) = -\infty$

(c) $\lim\limits_{x\to\infty} (x^3 - 3x^2 + 2) = \lim\limits_{x\to\infty} x^3 = \infty$

(d) $\lim\limits_{x\to-\infty} (x^3 + 2x^2 + 3x + 4) = \lim\limits_{x\to-\infty} x^3 = -\infty$

Lösung 3.9 57▶A

(a) Da $x_0 = 3$ sowohl Nullstelle des Zählers als auch des Nenners ist, erhält man durch Polynomdivision

$$\begin{array}{l} (\;x^2 - 2x - 3) : (x-3) = x + 1 \\ \underline{-x^2 + 3x} \\ \qquad x - 3 \\ \qquad \underline{-x + 3} \\ \qquad\quad 0 \end{array} \quad \text{und} \quad \begin{array}{l} (\;x^3 - 2x^2 + x - 12) : (x-3) = x^2 + x + 4 \\ \underline{-x^3 + 3x^2} \\ \qquad x^2 + x \\ \qquad \underline{-x^2 + 3x} \\ \qquad\qquad 4x - 12 \\ \qquad\qquad \underline{-4x + 12} \\ \qquad\qquad\quad 0 \end{array}$$

Somit erhält man als Grenzwert ($x_0 = 3$ ist keine Nullstelle von $x^2 + x + 4$)

$$\lim_{x\to3} \frac{x^2 - 2x - 3}{x^3 - 2x^2 + x - 12} = \lim_{x\to3} \frac{x+1}{x^2 + x + 4} = \frac{3+1}{9+3+4} = \frac{4}{16} = \frac{1}{4}$$

(b) Da $x_0 = 2$ Nullstelle des Zählers und des Nenners ist, ergibt sich mit $x^2 - 4 = (x-2)(x+2)$ und mit Polynomdivision

$$\begin{array}{l} (\;x^3 - 2x^2 + 3x - 6) : (x-2) = x^2 + 3 \\ \underline{-x^3 + 2x^2} \\ \qquad\quad 3x - 6 \\ \qquad\quad \underline{-3x + 6} \\ \qquad\qquad 0 \end{array}$$

als Grenzwert ($x_0 = 2$ ist keine Nullstelle von $x^2 + 3$)

$$\lim_{x\to2} \frac{x^2 - 4}{x^3 - 2x^2 + 3x - 6} = \lim_{x\to2} \frac{x+2}{x^2 + 3} = \frac{2+2}{4+3} = \frac{4}{7}$$

(c) Da $x_0 = 2$ Nullstelle von Zähler und Nenner ist, erhält man mit Polynomdivision

$$\begin{array}{l} (\;t^2 - t - 2) : (t-2) = t + 1 \\ \underline{-t^2 + 2t} \\ \qquad t - 2 \\ \qquad \underline{-t + 2} \\ \qquad\quad 0 \end{array} \quad \text{und} \quad \begin{array}{l} (\;t^3 - 2t^2 - t + 2) : (t-2) = t^2 - 1 \\ \underline{-t^3 + 2t^2} \\ \qquad\quad -t + 2 \\ \qquad\quad \underline{\;\;t - 2} \\ \qquad\qquad 0 \end{array}$$

Somit erhält man als Grenzwert

$$\lim_{t\to 2} \frac{t^2-t-2}{t^3-2t^2-t+2} = \lim_{t\to 2} \frac{t+1}{(t+1)(t-1)} = \lim_{t\to 2} \frac{1}{t-1} = \frac{1}{2-1} = 1$$

57▶A **Lösung 3.10**

(a) Da $y_0 = 1$ keine Nullstelle des Nenners von $\frac{1}{2y}$ ist, erhält man wegen der Stetigkeit der Funktion in $y_0 = 1$ den Grenzwert (vgl. KCO, S. 105)

$$\lim_{y\to 1} \left(y^2 + \frac{1}{2y}\right) = 1^2 + \frac{1}{2} = \frac{3}{2}$$

(b) Wegen $\frac{x+2}{x^2-16} = \frac{x+2}{(x+4)(x-4)}$ ist $x_0 = 4$ Nullstelle des Nenners. Da $\lim\limits_{x\to 4} \frac{x+2}{x+4} = \frac{4+2}{4+4} = \frac{3}{4}$ gilt, folgt

$$\lim_{x\to 4^-} \frac{x+2}{x^2-16} = -\infty \text{ und } \lim_{x\to 4^+} \frac{x+2}{x^2-16} = +\infty$$

57▶A **Lösung 3.11**

(a) $2x^2 - 50 = 0 \iff x^2 = 25 \iff x \in \{-5, 5\}$. Somit gilt $\mathcal{D} = \mathbb{R}\backslash\{-5, 5\}$.

(b) $-\dfrac{3}{25} = r(0) = \dfrac{c}{-50} \iff c = \dfrac{3\cdot 50}{25} = 6$

Einsetzen in (i) ergibt

$$-\frac{1}{12} = r(1) = \frac{a+b+c}{2-50} = -\frac{a+b+6}{48} \iff a+b+6 = 4 \iff b = -2-a$$

Einsetzen in (iii) ergibt

$$0 = 2a + 4b + c = 2a + 4(-2-a) + 6 = -2a - 2 \iff a = -1$$
$$\implies b = -2 - a = -2 + 1 = -1$$

Somit gilt $r(x) = \dfrac{-x^2 - x + 6}{2x^2 - 50}$, $x \in \mathcal{D} = \mathbb{R}\backslash\{-5, 5\}$.

(c) $r(x) = 0 \overset{(b)}{\iff} -x^2 - x + 6 = 0 \iff x^2 + x - 6 = 0$.

Mit der pq-Formel erhält man $x_{1,2} = -\frac{1}{2} \pm \sqrt{\frac{1}{4} + 6} = -\frac{1}{2} \pm \sqrt{\frac{25}{4}} = -\frac{1}{2} \pm \frac{5}{2}$.

Somit sind $x_1 = 2$ und $x_2 = -3$ die Nullstellen von r .

Alternativ folgt mit dem Satz von Vieta direkt $x^2 + x - 6 = (x-2)(x+3)$.

(d) $\lim\limits_{x\to\infty} r(x) \overset{(b)}{=} \lim\limits_{x\to\infty} \dfrac{-x^2 - x + 6}{2x^2 - 50} = \lim\limits_{x\to\infty} \dfrac{-1 - \frac{1}{x} + \frac{6}{x^2}}{2 - \frac{50}{x^2}} = -\dfrac{1}{2}$

$\lim\limits_{x\to -\infty} r(x) = \lim\limits_{x\to\infty} r(-x) \overset{(b)}{=} \lim\limits_{x\to\infty} \dfrac{-x^2 + x + 6}{2x^2 - 50} = \lim\limits_{x\to\infty} \dfrac{-1 + \frac{1}{x} + \frac{6}{x^2}}{2 - \frac{50}{x^2}} = -\dfrac{1}{2}$

(s. KCO, S. 104).

(e) $\lim\limits_{x\to 2} r(x) \overset{(b)}{=} \lim\limits_{x\to 2} \dfrac{-x^2 - x + 6}{2x^2 - 50} = \dfrac{-4 - 2 + 6}{8 - 50} = 0 \overset{(c)}{=} r(2)$

Damit ist r stetig in $x_0 = 2$ (s. KCO, S. 100).

Lösung 3.12

58►A

(a) Einsetzen der gegebenen Funktionswerte liefert das folgende Gleichungssystem:

$$\begin{array}{lcll}
0 = f(1) = \ a+b+c & \iff & a+b+c=0 & \text{(I)}\\
1 = f(2) = \ 2a+b+\frac{c}{2} & \iff & 4a+2b+c=2 & \text{(II)}\\
0 = f(4) = \ 4a+b+\frac{c}{4} & \iff & 16a+4b+c=0 & \text{(III)}\\
\hline
\text{(II)-(I)} \implies & & 3a+b=2 & \text{(IV)}\\
\text{(III)-(II)} \implies 12a+2b=-2 & \iff & 6a+b=-1 & \text{(V)}\\
\hline
\text{(V)-(IV)} \implies 3a=-3 & \iff & a=-1 &
\end{array}$$

Einsetzen von $a = -1$ in (IV) ergibt $-3 + b = 2 \iff b = 5$.
Einsetzen von $a = -1$, $b = 5$ in (I) ergibt $-1 + 5 + c = 0 \iff c = -4$.

Somit gilt $f(x) = -x + 5 - \frac{4}{x}$, $x \in (0, \infty)$.

(*Alternative*: Lösung des (linearen) Gleichungssystems mittels Gauß-Algorithmus'.)

(b) Unter Verwendung von (a) und der Voraussetzung $x > 0$ gilt

$$\begin{aligned}
f(x) > 0 &\iff -x+5-\tfrac{4}{x} > 0\\
&\iff -x^2+5x-4>0\\
&\iff x^2-5x+4<0\\
&\overset{(*)}{\iff} x^2-5x+\left(\tfrac{5}{2}\right)^2 < \left(\tfrac{5}{2}\right)^2-4\\
&\iff \left(x-\tfrac{5}{2}\right)^2 < \tfrac{25-16}{4} = \tfrac{9}{4}\\
&\iff \left|x-\tfrac{5}{2}\right| < \sqrt{\tfrac{9}{4}} = \tfrac{3}{2}\\
&\iff -\tfrac{3}{2} < x-\tfrac{5}{2} < \tfrac{3}{2}\\
&\iff 1 < x < 4
\end{aligned}$$

In $(*)$ wird eine quadratische Ergänzung vorgenommen. Somit gilt

$$\mathcal{L} = \left\{x \in (0,\infty) \,\middle|\, f(x) > 0\right\} = (1,4)$$

Alternativ erhält man über die Zerlegung $x^2 - 5x + 4 = (x-1)(x-4)$ (Satz von Vieta) direkt

$$x^2-5x+4<0 \iff (x>1 \wedge x<4) \vee (x<1 \wedge x>4) \iff 1<x<4$$

(c) $\lim\limits_{x\to 0+} f(x) \overset{(a)}{=} \lim\limits_{x\to 0+}\left(-x+5+\dfrac{-4}{x}\right) = -\infty$ (Stetigkeit von Polynomen bzw. Grenzverhalten gebrochen rationaler Funktionen (s. KCO, S. 105)).

4 Differentiation und Kurvendiskussion

Checkliste

Thema	KCO	☹	😐	☺
Differentiation	111	☐	☐	☐
Geometrischer Hintergrund, Anschauliche Interpretation der Ableitung	112	☐	☐	☐
Differenzen- und Differentialquotient	113	☐	☐	☐
Ableitung, mehrfache Ableitung	113	☐	☐	☐
Bestimmung von Ableitungen	118	☐	☐	☐
Faktorregel, Summenregel	120	☐	☐	☐
Ableitungen von Potenzfunktionen, der Exponentialfunktion, der natürlichen Logarithmusfunktion	120	☐	☐	☐
Produktregel, Quotientenregel, Kettenregel	121	☐	☐	☐
Ableitung der Umkehrfunktion	123	☐	☐	☐
Regeln von l'Hospital	124	☐	☐	☐
Wachstumsraten und Elastizitäten	125	☐	☐	☐
Wachstumsfunktion und -rate	127	☐	☐	☐
Elastizität, Elastizitätsfunktion, elastisches Verhalten	127	☐	☐	☐
Rechenregeln für Elastizitätsfunktionen	129	☐	☐	☐

Thema	KCO	☹	😐	☺
Kurvendiskussion	130	☐	☐	☐
Definitionsbereich	131	☐	☐	☐
Asymptotisches Verhalten im Unendlichen und an Definitionslücken	131	☐	☐	☐
Nullstellen und Vorzeichen zwischen den Nullstellen	132	☐	☐	☐
Monotonieverhalten	133	☐	☐	☐
Extremwerte: lokale/globale Minima und Maxima (notwendige und hinreichende Bedingung)	134	☐	☐	☐
Krümmungsverhalten und Wendestellen	137	☐	☐	☐
Graf einer Funktion	139	☐	☐	☐

F Fragen zum Verständnis

F.1 Sei $f : I \to \mathbb{R}$ eine auf dem offenen Intervall I definierte Funktion. Wann heißt f in $x_0 \in I$ differenzierbar?

F.2 Was sind der Differenzen- bzw. der Differentialquotient? Erläutern Sie die Begriffe auch geometrisch.

F.3 Geben Sie, falls möglich, Beispiele für Funktionen $f : [-1, 1] \to \mathbb{R}$ an mit

(i) f ist stetig und differenzierbar,

(ii) f ist stetig, aber nicht differenzierbar,

(iii) f ist differenzierbar, aber nicht stetig.

F.4 Welcher Zusammenhang besteht zwischen Differenzierbarkeit und Stetigkeit?

F.5 Geben Sie die Ihnen bekannten Ableitungsregeln an.

F.6 Geben Sie mindestens eine der Regeln von l'Hospital an.

Lösungen

F.1 KCO, S. 113, Bezeichnungskasten.
F.2 KCO, S. 112f., Text und Bezeichnungskasten.
F.3 (i) Polynome, (ii) Betragsfunktion (s. KCO, S. 115, Beispiel), (iii) nicht möglich (s. KCO, S. 113, Merkkasten).
F.4 KCO, S. 113, Merkkasten.
F.5 KCO, S. 120ff.
F.6 KCO, S. 124, Merkkasten.

F.7 Wie lautet die Ableitung der natürlichen Logarithmusfunktion $\ln(x)$? Wie lässt sich daraus die Ableitung einer beliebigen Logarithmusfunktion $\log_a(x)$ bestimmen?

F.8 Zerlegen Sie die durch die folgenden Vorschriften definierten Funktionen so, dass die Ableitungsregeln direkt angewendet werden können, und berechnen Sie die Ableitungen.
Beispiel: Für $x \in \mathbb{R} \setminus \{0\}$ gilt

$$f(x) = \frac{x^2-1}{x} = \frac{g(x)}{h(x)} \text{ mit } g(x) = x^2 - 1 \text{ und } h(x) = x.$$

Also gilt nach der Quotientenregel $f'(x) = \frac{2x \cdot x - (x^2-1) \cdot 1}{x^2} = \frac{x^2+1}{x^2}$.

(i) $f(x) = \dfrac{e^x}{x^2+1}$

(ii) $f(x) = \exp(x^2)$

(iii) $f(x) = -\dfrac{1}{e^x}$

(iv) $f(x) = x \cdot \ln(x^2)$, $x \neq 0$

F.9 Die Funktion $f : I \to \mathbb{R}$ sei differenzierbar auf dem offenen Intervall I. Es gelte $f(x) \neq 0$ für alle $x \in I$. Wie ist die Wachstumsfunktion zu f definiert?

F.10 Seien I ein offenes Intervall und $f : I \to \mathbb{R}$ eine Funktion.

(i) Welche zusätzlichen Voraussetzungen werden benötigt, um die Elastizitätsfunktion ϵ_f zu f im Punkt $x \in I$ zu definieren?

(ii) Wie ist die Elastizitätsfunktion definiert?

(iii) Wann heißt das Verhalten von f an der Stelle x (un-)elastisch?

Lösungen

F.7 KCO, S. 120f.

F.8 (i) $f(x) = \frac{g(x)}{h(x)}$ mit $g(x) = e^x$ und $h(x) = x^2 + 1$.
Somit erhält man mit der Quotientenregel

$$f'(x) = \frac{e^x \cdot (x^2+1) - e^x \cdot 2x}{(x^2+1)^2} = \frac{e^x \cdot (x^2-2x+1)}{(x^2+1)^2} = \frac{e^x \cdot (x-1)^2}{(x^2+1)^2}$$

(ii) $f(x) = g(h(x))$ mit $g(y) = \exp(y)$ und $h(x) = x^2$.
Also gilt nach der Kettenregel $f'(x) = 2x \exp(x^2)$.

(iii) $f(x) = \frac{g(x)}{h(x)}$ mit $g(x) = -1$ und $h(x) = e^x$.
Daher gilt nach der Quotientenregel $f'(x) = \frac{0 \cdot e^x - (-1) \cdot e^x}{(e^x)^2} = \frac{e^x}{e^{2x}} = \frac{e^x}{(e^x)^2} = \frac{1}{e^x} = e^{-x}$.
Alternativ: Man kann f umformen zu $f(x) = -e^{-x} = a \cdot u(v(x))$ mit $a = -1$, $v(x) = -x$ und $u(y) = e^y$.
Mit der Faktorregel und der Kettenregel gilt dann $f'(x) = (-1) \cdot e^{-x} \cdot (-1) = e^{-x}$.

(iv) $f(x) = g(x) \cdot u(v(x))$ mit $g(x) = x$ und $u(y) = \ln(y)$ sowie $v(x) = x^2$, $x \neq 0$.
Also gilt nach der Produkt- und Kettenregel $f'(x) = 1 \cdot \ln(x^2) + x \cdot \frac{1}{x^2} \cdot 2x = \ln(x^2) + 2$.
Alternativ für $x > 0$: $f(x) = x \cdot 2\ln(x) = g(x) \cdot h(x)$ mit $g(x) = x$ und $h(x) = 2\ln(x)$.
Somit erhält man durch Anwenden der Produktregel $f'(x) = 1 \cdot 2\ln(x) + x \cdot \frac{2}{x}$ $= 2\ln(x) + 2 = \ln(x^2) + 2$.

F.9 KCO, S. 127, Bezeichnungskasten.

F.10 KCO, S. 127 & 129, Bezeichnungskästen.

F.11 Weisen Sie eine der Regeln für Elastizitätsfunktionen nach, z.B. $\epsilon_{f\cdot g} = \epsilon_f + \epsilon_g$.

F.12 Welche Schritte gehören zu einer vollständigen Kurvendiskussion? Erläutern Sie die Bedeutung der Rechnungen für den Grafen der betrachteten Funktion.

F.13 Die Funktion $f: I \to \mathbb{R}$ sei auf dem offenen Intervall I zweimal differenzierbar.

(i) Wann heißt f auf I (streng) monoton wachsend bzw. fallend?

(ii) Was ist ein lokales Minimum von f?

(iii) Geben Sie hinreichende Kriterien für ein lokales Extremum von f im Punkt $x_0 \in I$ an.

F.14 Geben Sie Anwendungsbeispiele aus den Wirtschaftswissenschaften an, bei denen (lokale oder globale) Minima bzw. Maxima von Interesse sind.

F.15 Sei $f: I \to \mathbb{R}$ beliebig oft differenzierbar auf dem offenen Intervall I. Es gelte $f'(x_0) = 0$ und $f''(x_0) = 0$ im Punkt $x_0 \in I$. Wie lässt sich überprüfen, ob f in x_0 ein lokales Extremum hat?

F.16 Die Funktion $f: I \to \mathbb{R}$ sei auf dem offenen Intervall I zweimal differenzierbar.

(i) Wann heißt f auf I (strikt) konvex bzw. konkav?

(ii) Was ist ein Wendepunkt von f?

(iii) Wie lautet ein hinreichendes Kriterium für eine Wendestelle?

M Multiple Choice Fragen

M.1 Seien $f: \mathbb{R} \to \mathbb{R}$ und $x_0, x_1 \in \mathbb{R}$ mit $x_0 \neq x_1$.

(1) $\lim\limits_{x \to x_1} \dfrac{f(x) - f(x_0)}{x - x_0}$

(2) $\dfrac{f(x) - f(x_0)}{x - x_0}$

(3) $\lim\limits_{x \to x_0} \dfrac{f(x_0) - f(x)}{x_0 - x}$

(a) Differenzenquotient

(b) Differentialquotient

Lösungen

F.11 KCO, S. 129f.
F.12 KCO, S. 130–139.
F.13 KCO, S. 89 bzw. S. 91, Bezeichnungskästen; KCO, S. 133–135, Merkkästen.
F.14 z.B. Gewinnfunktion in Abhängigkeit vom Preis (s. KCO, S. 135f., Beispiel).
F.15 KCO, S. 137, Merkkasten.
F.16 KCO, S. 137/138, Bezeichnungskästen & Merkkasten.

Welche Kombination enthält nur richtige Paare?

Ⓐ 1-b, 2-a

Ⓑ 1-b, 3-a

Ⓒ 1-a, 2-b

Ⓓ 2-b, 3-a

Ⓔ 2-a, 3-b

M.2 Die Funktionen $f, g : I \to \mathbb{R}$ seien auf dem offenen Intervall I differenzierbar. Außerdem seien $a, c \in \mathbb{R}$.

(1) $h(x) = f(x) + g(x) \Longrightarrow h'(x) = f'(x) + g'(x)$

(2) $h(x) = f(x) + c \Longrightarrow h'(x) = f'(x) + c$

(3) $h(x) = f(x) \cdot g(x) \Longrightarrow h'(x) = f'(x) \cdot g'(x)$

(4) $h(x) = a \cdot f(x) \Longrightarrow h'(x) = a \cdot f'(x)$

Welche der folgenden Antworten ist richtig?

Ⓐ Nur (1) ist richtig.

Ⓑ (1) und (4) sind richtig.

Ⓒ Nur (3) ist richtig.

Ⓓ (2) und (3) sind richtig.

Ⓔ (1)–(4), also alle sind richtig.

M.3 Die Funktionen $f, g : I \to \mathbb{R}$ seien auf dem offenen Intervall I differenzierbar. Ferner seien $a, c \in \mathbb{R}$. Welche der folgenden Ableitungsregeln ist falsch?

Ⓐ $h(x) = f(x) + g(x) \Longrightarrow h'(x) = f'(x) + g'(x)$

Ⓑ $h(x) = f(x) + c \Longrightarrow h'(x) = f'(x)$

Ⓒ $h(x) = a \cdot f(x) \Longrightarrow h'(x) = a \cdot f'(x)$

Ⓓ $h(x) = f(x) \cdot g(x) \Longrightarrow h'(x) = f'(x) \cdot g(x) + f(x) \cdot g'(x)$

Ⓔ $h(x) = \frac{f(x)}{g(x)} \Longrightarrow h'(x) = \dfrac{f'(x)}{g(x)} + \dfrac{f(x)}{g'(x)}$

Lösungen

M.1 E, s. KCO, S. 112/113, Text und Bezeichnungskasten.
M.2 B, s. KCO, S. 120ff.
M.3 E, s. KCO, S. 120ff.

M.4 Gegeben seien die Grenzwerte

(1) $\lim\limits_{x\to 1} \dfrac{x \cdot \ln(x)}{x-1}$

(2) $\lim\limits_{x\to\infty} x^3 \cdot \ln(x)$

(3) $\lim\limits_{x\to 0} x^3 \cdot \ln(x)$

(4) $\lim\limits_{x\to\infty} \dfrac{e^x}{x^2}$

Zur Berechnung welcher Grenzwerte lässt sich eine der Regeln von l'Hospital anwenden?

Ⓐ (1) und (2).

Ⓑ (2) und (3).

Ⓒ (2) und (4).

Ⓓ (1), (3) und (4).

Ⓔ (1)–(4), also in allen.

M.5 Die Funktionen $f, g : I \longrightarrow \mathbb{R}$ seien differenzierbar auf dem offenen Intervall I mit $f(x) \neq 0$ und $g(x) \neq 0$ für alle $x \in I$. Seien ϵ_f und ϵ_g die zugehörigen Elastizitätsfunktionen. Welche der folgenden Regeln ist richtig?

Ⓐ $\epsilon_{f+g}(x) = \epsilon_f(x) + \epsilon_g(x)$

Ⓑ $\epsilon_{f+g}(x) = \epsilon_f(x) \cdot \epsilon_g(x)$

Ⓒ $\epsilon_{f\cdot g}(x) = \epsilon_f(x) \cdot g(x) + f(x) \cdot \epsilon_g(x)$

Ⓓ $\epsilon_{f\cdot g}(x) = \epsilon_f(x) + \epsilon_g(x)$

Ⓔ $\epsilon_{f\cdot g}(x) = \epsilon_f(x) \cdot \epsilon_g(x)$

Lösungen

M.4 D, (1) $\lim\limits_{x\to 1}(x \cdot \ln(x)) = 0$ und $\lim\limits_{x\to 1}(x-1) = 0$, sodass $\lim\limits_{x\to 1} \frac{x\cdot\ln(x)}{x-1} = \lim\limits_{x\to 1} \frac{\ln(x)+1}{1} = 1$.

(2) Da die Terme x^3 und $\ln(x)$ für $x \longrightarrow \infty$ gegen ∞ konvergieren, resultiert die Grenzwertaussage $\lim\limits_{x\to\infty}\left(x^3 \cdot \ln(x)\right) = \infty$.

(3) Aus $x^3 \cdot \ln(x) = \frac{\ln(x)}{1/x^3}$ und den Grenzwerten $\lim\limits_{x\to 0} \ln(x) = -\infty$ bzw. $\lim\limits_{x\to 0} \frac{1}{x^3} = \infty$ folgt $\lim\limits_{x\to 0} \frac{\ln(x)}{1/x^3} = \lim\limits_{x\to 0} \frac{1/x}{-3\cdot 1/x^4} = -\frac{1}{3} \lim\limits_{x\to 0} x^3 = 0$.

(4) Aus den Grenzwertaussagen $\lim\limits_{x\to\infty} e^x = \infty$ und $\lim\limits_{x\to\infty} x^2 = \infty$ folgt durch zweimalige Anwendung einer Regel von l'Hospital $\lim\limits_{x\to\infty} \frac{e^x}{x^2} = \lim\limits_{x\to\infty} \frac{e^x}{2x} = \lim\limits_{x\to\infty} \frac{e^x}{2} = \infty$.

M.5 D, s. KCO, S. 129, Merkkasten.

M.6 Die Funktion $f : I \to \mathbb{R}$ sei auf dem offenen Intervall I zweimal differenzierbar, und sei $x_0 \in I$. Welche der folgenden Aussagen ist wahr?

- Ⓐ $f(x_0) = 0$ ist notwendige Bedingung für ein lokales Extremum von f in x_0.
- Ⓑ $f'(x_0) = 0$ ist hinreichende Bedingung für ein lokales Extremum von f in x_0.
- Ⓒ $f'(x_0) = 0 \,\wedge\, f''(x_0) > 0$ ist notwendige Bedingung für ein lokales Minimum von f in x_0.
- Ⓓ $f'(x_0) = 0 \,\wedge\, f''(x_0) < 0$ ist hinreichende Bedingung für ein lokales Maximum von f in x_0.
- Ⓔ $f''(x_0) = 0$ und $f'(x_0) \neq 0$ sind Bedingungen für ein lokales Extremum von f in x_0.

M.7 Die Funktion $f : I \to \mathbb{R}$ sei auf dem offenen Intervall I zweimal differenzierbar. Welche der folgenden Aussagen ist richtig?

- Ⓐ Ist $f'(x) \geq 0$ für $x \in I$, so heißt f auf I streng monoton wachsend.
- Ⓑ Ist $f''(x) \geq 0$ für $x \in I$, so heißt f auf I monoton wachsend.
- Ⓒ Ist $f''(x) \leq 0$ für $x \in I$, so heißt f auf I konkav.
- Ⓓ Ist $f'(x) < 0$ für $x \in I$, so heißt f auf I strikt konkav.
- Ⓔ Ist $f''(x) > 0$ für $x \in I$, so heißt f auf I strikt konkav.

M.8 Welcher Graf passt zu einer Funktion f mit $f(4) = 0$, $f'(4) < 0$, $f(-1) < 0$, $f'(-1) > 0$, $f'(0) = 0$ und $f''(0) < 0$?

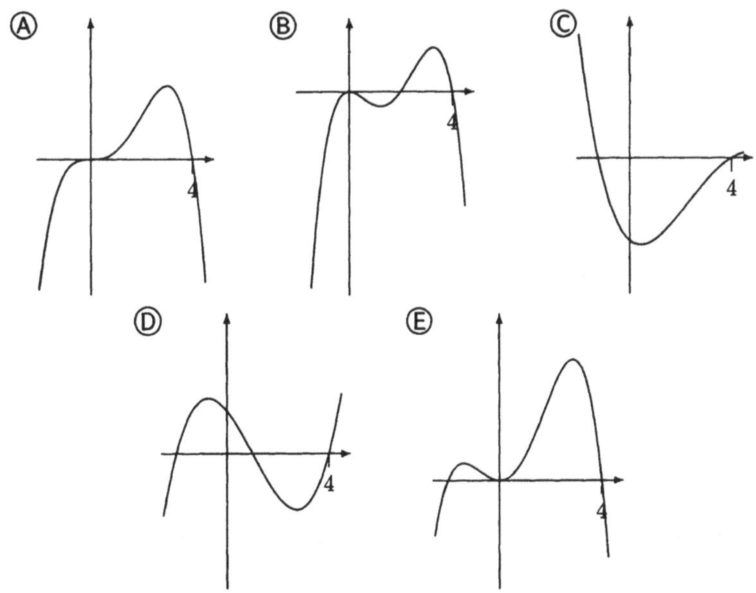

Lösungen

M.6 D, s. KCO, S. 134/135, Merkkästen.

M.7 C, KCO, S. 137, Bezeichnungskasten.

M.8 B, denn wegen $f'(0) = 0$ und $f''(0) < 0$ muss f in $x = 0$ ein lokales Maximum haben. Dies trifft nur für Ⓑ zu.

Klausuraufgaben

78▶L **Aufgabe 4.1** Berechnen Sie jeweils die erste Ableitung der folgenden Funktionen (Begründungen!), und vereinfachen Sie die Ergebnisse, wenn möglich.

(a) $f(x) = (x^2 - 1)(x^2 + 1)$ für $x \in \mathbb{R}$

(b) $f(x) = \dfrac{(x+2)(x-2)}{x^2 - 1}$ für $x \in \mathbb{R} \setminus \{-1, 1\}$

(c) $f(x) = \ln(x^2 + 1)$ für $x \in \mathbb{R}$

78▶L **Aufgabe 4.2** Berechnen Sie jeweils die erste und zweite Ableitung der gegebenen Funktionen. Begründen Sie Ihre Rechnung, und vereinfachen Sie, falls möglich.

(a) $f(x) = (x+1)(x-2)^2$ für $x \in \mathbb{R}$

(b) $f(x) = \dfrac{x^2 - 4}{x + 1}$ für $x \in \mathbb{R} \setminus \{-1\}$

79▶L **Aufgabe 4.3** Ermitteln Sie folgende Grenzwerte. Begründen Sie Ihre Antwort!

(a) $\lim\limits_{x \to -1} \dfrac{x^2 - 1}{2x^3 + x^2 - x}$

(b) $\lim\limits_{x \to \infty} \dfrac{\ln(x^2)}{x^4}$

79▶L **Aufgabe 4.4** Bestimmen Sie folgende Grenzwerte. Begründen Sie Ihre Antwort!

(a) $\lim\limits_{x \to 1} \dfrac{x^2 + x - 2}{x - 1}$

(b) $\lim\limits_{x \to 1} \dfrac{x \ln(x)}{x - 1}$

(c) $\lim\limits_{x \to 1} \dfrac{\ln(x)}{x - e^{x^2 - 1}}$

79▶L **Aufgabe 4.5** Ermitteln Sie folgende Grenzwerte. Begründen Sie Ihre Antwort!

(a) $\lim\limits_{x \to 0} \dfrac{x^2}{e^x - 1}$

(b) $\lim\limits_{x \to 1} \dfrac{x^3 - 2x + 1}{\ln(x)}$

80▶L **Aufgabe 4.6** Ermitteln Sie folgende Grenzwerte. Begründen Sie Ihre Antwort!

(a) $\lim\limits_{x \to \infty} \dfrac{x^2}{x\, e^x}$

(b) $\lim\limits_{x \to 1} \dfrac{(x+1)\ln(x)}{x^2 - 1}$

Aufgabe 4.7 Ermitteln Sie die Grenzwerte unter Verwendung der Regeln von l'Hospital. Begründen Sie Ihre Antwort! 80▶L

(a) $\lim\limits_{x \to 1} \dfrac{x^5 - 2x^2 - 3x + 4}{(x^2 - 1)(x + 3)}$

(b) $\lim\limits_{x \to 1} \dfrac{x + \ln(x) - 1}{x^2 - e^{x-1}}$

(c) $\lim\limits_{x \to 0} \left(x^2 \ln(x^2)\right)$

Aufgabe 4.8 Betrachten Sie die durch $g(x) = \frac{x-1}{x} \cdot e^x$ auf dem Definitionsbereich $\mathcal{D} = (1, \infty)$ definierte Funktion g. 80▶L

(a) Bestimmen Sie das globale Minimum der zu g gehörenden Elastizitätsfunktion ϵ_g im angegebenen Definitionsbereich. (Begründung!)

(b) Für welche Argumente $x > 1$ zeigt die Funktion g ein elastisches Verhalten? (Begründung!)

Aufgabe 4.9 Die Funktion $f : \mathbb{R} \longrightarrow \mathbb{R}$ sei definiert durch 81▶L

$$f(x) = a(x - b)^c + 1, \ x \in \mathbb{R}$$

mit Parametern $a > 0$, $b \in \mathbb{R}$ und $c > 1$. Bestimmen Sie a, b und c so, dass

(i) f in $x_0 = 3$ eine lokale Minimalstelle besitzt,

(ii) die Tangente an die Kurve $y = f(x)$ im Punkt $(4, f(4))$ die Steigung 6 hat und

(iii) die Kurve $y = f(x)$ mit der x–Achse und den durch $x = 3$ und $x = 4$ gegebenen Geraden eine Fläche vom Inhalt 2 einschließt.

Aufgabe 4.10 Untersuchen Sie die Funktion f, gegeben durch 82▶L

$$f(x) = \frac{x^2 - 9}{x^2 + 1}, \quad x \in \mathcal{D}$$

auf die folgenden Eigenschaften:

(a) den maximalen Definitionsbereich $\mathcal{D}$ (Begründung!),

(b) Verhalten im Unendlichen,

(c) Nullstellen,

(d) Monotonieverhalten,

Hinweis: Zeigen Sie, dass f' durch $f'(x) = \frac{20x}{(x^2+1)^2}$, $x \in \mathcal{D}$, gegeben ist.

(e) lokale Extrema,

(f) Krümmungsverhalten (In welchen Intervallen ist f konvex bzw. konkav?),

(g) Wendestellen.

(h) Vervollständigen Sie folgende Wertetabelle, und skizzieren Sie den Funktionsgrafen von f anhand der in (a)-(g) ermittelten Informationen in einem geeigneten Koordinatensystem. (Hinweis: $\frac{1}{\sqrt{3}} \approx 0,577$.)

-7	-3	-2	-1	0	1	2	3	7

84▶L **Aufgabe 4.11** Untersuchen Sie die Funktion f gegeben durch

$$f(x) = \frac{x^2 + 2x + 1}{x - 1}, \quad x \in \mathcal{D}$$

auf die folgenden Eigenschaften:

(a) den maximalen Definitionsbereich $\mathcal{D}$ (Begründung!),

(b) Verhalten an der Definitionslücke,

(c) Verhalten im Unendlichen,

(d) Nullstellen,

(e) Monotonieverhalten,

Hinweis: Begründen Sie, dass f' durch $f'(x) = \frac{x^2-2x-3}{(x-1)^2}$, $x \in \mathcal{D}$, gegeben ist.

(f) lokale Extrempunkte (Begründung!),

(g) Krümmungsverhalten: In welchen Intervallen ist f konvex bzw. konkav?

(h) Skizzieren Sie den Funktionsgrafen von f anhand der in (a)-(g) ermittelten Informationen in einem geeigneten Koordinatensystem.

86▶L **Aufgabe 4.12** Für $x \in \mathbb{R} \setminus \{-2, 2\}$ sei die Funktion f gegeben durch

$$f(x) = \frac{x}{x^2 - 4}$$

(a) Weisen Sie nach, dass f punktsymmetrisch zum Ursprung ist.
(Hinweis: Auch wenn Sie dies nicht tun, dürfen Sie es im Folgenden verwenden.)

(b) Untersuchen Sie das Verhalten an den Definitionslücken. (Begründung!)

(c) Berechnen Sie die erste und zweite Ableitung von f, und vereinfachen Sie jeweils soweit möglich.

(d) Beschreiben Sie das Monotonieverhalten von f, und begründen Sie, ob f lokale Extrempunkte hat.

(e) Beschreiben Sie das Krümmungsverhalten von f. Begründen Sie, dass f genau einen Wendepunkt hat.

(f) Skizzieren Sie den Funktionsgrafen von f in einem geeigneten Koordinatensystem unter Verwendung der Informationen aus (a) bis (e) sowie der zusätzlichen Information

$$\lim_{x\to-\infty} f(x) = 0 \quad \text{und} \quad \lim_{x\to\infty} f(x) = 0$$

Aufgabe 4.13 Bestimmen Sie für die Funktion $f : \mathcal{D} \longrightarrow \mathbb{R}$, definiert durch 87▶L

$$f(x) = \frac{(x+2)(x-2)}{x^2-1}\ , \ x \in \mathcal{D} = \mathbb{R}\backslash\{-1, 1\}$$

(a) sämtliche Nullstellen,

(b) den Schnittpunkt des Grafen mit der y–Achse,

(c) das Monotonieverhalten,

(d) die lokalen Extrema,

(e) die globalen Extrema im Intervall $[3, 5]$,

(f) das asymptotische Verhalten, d.h.

$$\begin{array}{lll} \lim\limits_{x\to\infty} f(x), & \lim\limits_{x\to-1+} f(x), & \lim\limits_{x\to 1+} f(x) \\ \lim\limits_{x\to-\infty} f(x), & \lim\limits_{x\to-1-} f(x), & \lim\limits_{x\to 1-} f(x) \end{array}$$

Skizzieren Sie anhand dieser Ergebnisse den Grafen der Funktion f in einem geeigneten Koordinatensystem.

Aufgabe 4.14 Die Funktion f sei gegeben durch 89▶L

$$f(x) = \frac{(x^2+2x+1)\,x}{x+1}\,\mathrm{e}^x, \quad x \in \mathbb{R} \setminus \{-1\}$$

(a) Begründen Sie, dass f an der Stelle $x_0 = -1$ stetig fortsetzbar ist mit $f(-1) = 0$. Verwenden Sie im Folgenden diese Fortsetzung, und zeigen Sie

$$f(x) = x\,(x+1)\,\mathrm{e}^x, \quad x \in \mathbb{R}$$

(b) Bestimmen Sie das Verhalten von f im Unendlichen.

(c) Ermitteln Sie die Nullstellen von f.

(d) Untersuchen Sie das Monotonieverhalten von f.

Hinweis: $\sqrt{\frac{5}{4}} \approx 1,1$

(e) Ermitteln Sie die lokalen Extrema der Funktion f.

(f) Untersuchen Sie das Krümmungsverhalten von f. In welchen Intervallen ist f konvex bzw. konkav?

(g) Ermitteln Sie die Steigung der Tangente an f im Nullpunkt $(0,0)$.

(h) Skizzieren Sie den Funktionsgrafen.

90▶L **Aufgabe 4.15** Gegeben sei die durch

$$f(x) = \frac{e^x}{x^2+1}, \; x \in \mathcal{D}$$

definierte Funktion f.

(a) Bestimmen Sie den maximalen Definitionsbereich $\mathcal{D}$ von f, und untersuchen Sie f auf Nullstellen.

(b) Berechnen Sie die erste Ableitung von f.
(Zu Ihrer Kontrolle: $f'(x) = e^x \cdot \frac{(x-1)^2}{(x^2+1)^2}$, $x \in \mathcal{D}$.)

(c) Beschreiben Sie das Monotonieverhalten von f.

(d) Begründen Sie nur mittels des Monotonieverhaltens, ob f lokale Extrempunkte hat.

(e) Untersuchen Sie das Verhalten von f im Unendlichen. (Begründung!)

(f) Ermitteln Sie den Inhalt der Fläche, die die Tangente an f an der Stelle $x = 0$ mit der x-Achse im Intervall $[-1, 0]$ einschließt.

92▶L **Aufgabe 4.16** Gegeben sei die durch

$$f(x) = \frac{x-1}{x} \cdot e^x, \; x \in \mathcal{D}$$

definierte Funktion f mit erster und zweiter Ableitung

$$f'(x) = \frac{x^2-x+1}{x^2} \cdot e^x\,, \quad f''(x) = \frac{x^3-x^2+2x-2}{x^3} \cdot e^x, \; x \in \mathcal{D}$$

Untersuchen Sie die Funktion f auf die folgenden Eigenschaften:

(a) den maximalen Definitionsbereich $\mathcal{D}$,

(b) das Verhalten an der Definitionslücke,

(c) das Verhalten im Unendlichen,

(d) Nullstellen,

(e) Monotonieverhalten und lokale Extrempunkte,

(f) Krümmungsverhalten und Wendepunkte.

(g) Skizzieren Sie den Funktionsgrafen von f in einem geeigneten Koordinatensystem unter Verwendung der Informationen aus (a) bis (f).

Aufgabe 4.17 Untersuchen Sie die Funktion f, gegeben durch $f(x) = \ln(x^2+2x+2)$, $x \in \mathcal{D}$, auf die folgenden Eigenschaften: 93▶L

(a) maximalen Definitionsbereich $\mathcal{D}$,

(b) Verhalten im Unendlichen,

(c) Nullstellen,

(d) die Vorzeichen der Funktionswerte außerhalb der Nullstellen,

(e) Monotonieverhalten,

Hinweis: Begründen Sie, dass f' durch $f'(x) = \frac{2x+2}{x^2+2x+2}$, $x \in \mathcal{D}$, gegeben ist.

(f) lokale und globale Extrema,

(g) Krümmungsverhalten: In welchen Intervallen ist f konvex bzw. konkav?

(h) Wendestellen.

(i) Skizzieren Sie den Funktionsgrafen von f anhand der in (a)-(h) ermittelten Informationen in einem geeigneten Koordinatensystem.

Aufgabe 4.18 Gegeben sei die durch $f(x) = x\ln(x^2)$, $x \in \mathcal{D}$, definierte Funktion f. Die folgende Tabelle enthält einige Funktionswerte 95▶L

x	$0,25$	$e^{-1} \approx 0,37$	$0,5$	$1,5$	2
$x\ln(x^2)$	$-0,69$	$-0,74$	$-0,69$	$1,22$	$2,77$

(a) Bestimmen Sie den maximalen Definitionsbereich $\mathcal{D}$ von f, und zeigen Sie, dass f punktsymmetrisch zum Ursprung ist.

(b) Untersuchen Sie das Verhalten von f an der Definitionslücke und im Unendlichen. Begründen Sie Ihre Antwort.

(c) Untersuchen Sie f auf Nullstellen.

(d) Berechnen Sie die erste Ableitung von f.

(Zu Ihrer Kontrolle: $f'(x) = 2 + \ln(x^2)$, $x \in \mathcal{D}$.)

(e) Beschreiben Sie das Monotonieverhalten von f, und bestimmen Sie mittels des Monotonieverhaltens die lokalen Extrempunkte von f.

(f) Berechnen Sie die zweite Ableitung von f. Beschreiben Sie das Krümmungsverhalten, und begründen Sie, ob f Wendepunkte hat.

(g) Skizzieren Sie den Funktionsgrafen von f in einem geeigneten Koordinatensystem unter Verwendung der Informationen aus (a)–(f) sowie der zusätzlichen Information aus der obigen Wertetabelle.

Lösungen

72►A

Lösung 4.1

(a) Nach der dritten binomischen Formel gilt $f(x) = x^4 - 1$, sodass $f'(x) = 4x^3$.

(b) Nach der dritten binomischen Formel gilt für den Zähler von $f(x)$ die Beziehung $(x+2)(x-2) = x^2 - 4$, sodass mit der Quotientenregel folgt

$$f'(x) = \frac{2x(x^2-1) - (x^2-4)2x}{(x^2-1)^2} = \frac{2x(x^2-1-x^2+4)}{(x^2-1)^2} = \frac{6x}{(x^2-1)^2}$$

Alternativ folgt aus $f(x) = \frac{x^2-4}{x^2-1} = \frac{x^2-1}{x^2-1} - \frac{3}{x^2-1} = 1 - \frac{3}{x^2-1} = 1 - 3(x^2-1)^{-1}$

$$f'(x) = (-3)\,(-1)\,2x\,(x^2-1)^{-2} = \frac{6x}{(x^2-1)^2}$$

(c) Mit der Kettenregel erhält man $f'(x) = \dfrac{2x}{x^2+1}$.

72►A

Lösung 4.2

(a) Ausmultiplizieren ergibt $f(x) = (x+1)(x^2-4x+4) = x^3 - 3x^2 + 4$. Somit erhält man

$$f'(x) = 3x^2 - 6x \quad \text{und} \quad f''(x) = 6x - 6$$

Alternativ folgt mit Produkt- und Kettenregel

$$f'(x) = (x-2)^2 + (x+1)\,2\,(x-2) = (x-2)(x-2+2x+2) = 3x(x-2) = 3x^2 - 6x$$

(b) Mit der Quotientenregel ergibt sich

$$\begin{aligned} f'(x) &= \frac{2x(x+1) - (x^2-4)\cdot 1}{(x+1)^2} = \frac{x^2+2x+4}{(x+1)^2} \\ f''(x) &= \frac{(2x+2)(x+1)^2 - (x^2+2x+4)\cdot 2(x+1)}{(x+1)^4} \\ &= \frac{2(x+1)^2 - 2(x^2+2x+4)}{(x+1)^3} = \frac{-6}{(x+1)^3} \end{aligned}$$

Alternativ: Mit $f(x) = \dfrac{x^2-4}{x+1} = \dfrac{x^2-1}{x+1} - \dfrac{3}{x+1} = x - 1 - \dfrac{3}{x+1}$ ergibt sich

$$f'(x) = 1 + \frac{3}{(x+1)^2} \quad \text{und} \quad f''(x) = \frac{-6}{(x+1)^3}$$

Lösung 4.3 72▶A

(a) Da der Zähler und der Nenner an der Stelle $x = -1$ Null sind, ergibt sich mit den Regeln von l'Hospital

$$\lim_{x\to-1} \frac{x^2-1}{2x^3+x^2-x} = \lim_{x\to-1} \frac{2x}{6x^2+2x-1} = \frac{-2}{6-2-1} = -\frac{2}{3}$$

Alternativ: Man erhält mit der 3. binomischen Formel $x^2 - 1 = (x+1)(x-1)$ und mit Polynomdivision

$$\begin{array}{l} (\ \ 2x^3 \ + x^2 - x) : (x+1) = 2x^2 - x \\ \underline{-2x^3 - 2x^2} \\ \qquad\quad -x^2 - x \\ \qquad\quad \underline{\ \ x^2 + x} \\ \qquad\qquad\quad 0 \end{array}$$

Somit lässt sich der Faktor $(x+1)$ kürzen, und es ergibt sich

$$\lim_{x\to-1} \frac{x^2-1}{2x^3+x^2-x} = \lim_{x\to-1} \frac{x-1}{x(2x-1)} = \frac{-2}{(-1)\cdot(-3)} = -\frac{2}{3}$$

(b) Da sowohl der Zähler als auch der Nenner von $f(x)$ für $x \to \infty$ gegen ∞ streben, erhält man mit Hilfe der Regeln von l'Hospital

$$\lim_{x\to\infty} \frac{\ln(x^2)}{x^4} = \lim_{x\to\infty} \frac{\frac{2x}{x^2}}{4x^3} = \lim_{x\to\infty} \frac{1}{2x^4} = 0$$

Lösung 4.4 72▶A

(a) Da Zähler und Nenner eine Nullstelle in $x_0 = 1$ haben, ergibt sich mit Polynomdivision

$$\lim_{x\to1} \frac{x^2+x-2}{x-1} = \lim_{x\to1} (x+2) = 3$$

(b) Da der Zähler und der Nenner an der Stelle $x = 1$ Null sind, erhält man mit den Regeln von l'Hospital und der Produktregel

$$\lim_{x\to1} \frac{x\ln(x)}{x-1} = \lim_{x\to1} \frac{\ln(x)+1}{1} = 1$$

(c) Da an der Stelle $x = 1$ sowohl der Zähler als auch der Nenner Null sind, erhält man mit den Regeln von l'Hospital

$$\lim_{x\to1} \frac{\ln(x)}{x - e^{x^2-1}} = \lim_{x\to1} \frac{\frac{1}{x}}{1 - 2x\cdot e^{x^2-1}} = \frac{1}{1-2\cdot e^0} = -1$$

Lösung 4.5 72▶A

(a) Da für $x \to 0$ sowohl der Zähler als auch der Nenner gegen Null konvergieren, erhält man mit Hilfe der Regeln von l'Hospital

$$\lim_{x\to0} \frac{x^2}{e^x-1} = \lim_{x\to0} \frac{2x}{e^x} = \frac{0}{1} = 0$$

(b) Da Zähler und Nenner für $x \to 1$ gegen Null streben, gilt mit den Regeln von l'Hospital

$$\lim_{x\to1} \frac{x^3-2x+1}{\ln(x)} = \lim_{x\to1} \frac{3x^2-2}{\frac{1}{x}} = \lim_{x\to1} (3x^3-2x) = 1$$

72▶A

Lösung 4.6

(a) Zunächst gilt $\frac{x^2}{x\,e^x} = \frac{x}{e^x}$, $x \in \mathbb{R} \setminus \{0\}$. Da für $x \to \infty$ der Zähler und der Nenner gegen ∞ konvergieren, erhält man mit den Regeln von l'Hospital

$$\lim_{x\to\infty} \frac{x^2}{x\,e^x} = \lim_{x\to\infty} \frac{x}{e^x} = \lim_{x\to\infty} \frac{1}{e^x} = 0$$

(b) Zunächst egibt sich durch Kürzen $\frac{(x+1)\ln(x)}{x^2-1} = \frac{\ln(x)}{x-1}$ für $x \in (0,\infty) \setminus \{1\}$. Für $x \to 1$ streben Zähler und Nenner gegen Null. Somit ergibt sich mit Hilfe der Regeln von l'Hospital

$$\lim_{x\to 1} \frac{(x+1)\ln(x)}{x^2-1} = \lim_{x\to 1} \frac{\ln(x)}{x-1} = \lim_{x\to 1} \frac{\frac{1}{x}}{1} = 1$$

73▶A

Lösung 4.7

(a) Da der Zähler und der Nenner für $x \to 1$ gegen Null konvergieren, erhält man mit den Regeln von l'Hospital

$$\lim_{x\to 1} \frac{x^5 - 2x^2 - 3x + 4}{(x^2-1)(x+3)} = \lim_{x\to 1} \frac{x^5 - 2x^2 - 3x + 4}{x^3 + 3x^2 - x - 3} = \lim_{x\to 1} \frac{5x^4 - 4x - 3}{3x^2 + 6x - 1} = \frac{-2}{8} = -\frac{1}{4}$$

(b) Für $x \to 1$ streben Zähler und Nenner gegen Null, somit ergibt sich mit Hilfe der Regeln von l'Hospital

$$\lim_{x\to 1} \frac{x + \ln(x) - 1}{x^2 - e^{x-1}} = \lim_{x\to 1} \frac{1 + \frac{1}{x}}{2x - e^{x-1}} = \frac{2}{2 - e^0} = 2$$

(c) Zunächst erhält man durch Umformen $x^2 \ln(x^2) = \frac{\ln(x^2)}{1/x^2}$. Dann konvergieren für $x \to 0$ der Zähler gegen $-\infty$ und der Nenner gegen ∞. Somit gilt nach den Regeln von l'Hospital

$$\lim_{x\to 0} \frac{\ln(x^2)}{x^{-2}} = \lim_{x\to 0} \frac{\frac{2x}{x^2}}{-2x^{-3}} = \lim_{x\to 0} (-x^2) = 0$$

73▶A

Lösung 4.8

(a) Zunächst wird die Elastizitätsfunktion ϵ_g für $x \in \mathcal{D} = (1,\infty)$ mit der Produktregel sowie der Darstellung $g(x) = \left(1 - \frac{1}{x}\right) e^x$ bestimmt:

$$g'(x) = \frac{x-1}{x} e^x + \frac{1}{x^2} e^x = \left(\frac{x-1}{x} + \frac{1}{x^2}\right) e^x = \frac{x^2 - x + 1}{x^2} e^x$$

$$\Longrightarrow \quad \epsilon_g(x) = x \cdot \frac{g'(x)}{g(x)} = x \cdot \frac{x^2 - x + 1}{x^2} \cdot e^x \cdot \frac{x}{x-1} \cdot e^{-x} = \frac{x^2 - x + 1}{x - 1}$$

Um das globale Minimum der Elastizitätsfunktion ϵ_g zu bestimmen, wird deren erste Ableitung mittels der Quotientenregel bestimmt

$$\epsilon_g'(x) = \frac{(2x-1)(x-1) - (x^2 - x + 1) \cdot 1}{(x-1)^2} = \frac{x^2 - 2x}{(x-1)^2} = \frac{x(x-2)}{(x-1)^2}, \quad x \in \mathcal{D}$$

Mögliche Extremalstellen sind die Nullstellen der ersten Ableitung. Wegen $0 \notin \mathcal{D}$ und $2 \in \mathcal{D}$ ist $x = 2$ der einzige Kandidat. Zur Überprüfung werden die Stellen $x = \frac{3}{2}$ und $x = \frac{5}{2}$ untersucht:

$$\epsilon_g'(\tfrac{3}{2}) = \frac{\frac{3}{2}\cdot(-\frac{1}{2})}{(\frac{1}{2})^2} = -3 < 0, \qquad \epsilon_g'(\tfrac{5}{2}) = \frac{\frac{5}{2}\cdot\frac{1}{2}}{(\frac{3}{2})^2} = \frac{5}{9} > 0$$

Somit hat ϵ_g an der Stelle $x = 2$ ein lokales Minimum. Da ϵ_g monoton fallend auf $(1, 2)$ und monoton wachsend auf $(2, \infty)$ ist, liegt ein globales Minimum vor.

(b) Da $\epsilon_g(2) = \frac{4-2+1}{2-1} = 3$ ist und nach (a) an der Stelle 2 ein globales Minimum vorliegt, folgt

$$\epsilon_g(x) \geq 3 > 1 \text{ für alle } x \in \mathcal{D}$$

Da also insbesondere ϵ_g positiv ist und damit $|\epsilon_g(x)| = \epsilon_g(x)$ gilt, ist g auf dem gesamten Definitionsbereich elastisch.

Lösung 4.9 Aufgrund der Parameterbedingung $c > 1$ ist f auf ganz $\mathbb{R}$ differenzierbar mit 73▶A

$$f'(x) = ac(x-b)^{c-1}, \; x \in \mathbb{R} \qquad (*)$$

(i) Aus der notwendigen Bedingung für eine lokale Minimalstelle in $x_0 = 3$ erhält man

$$0 = f'(3) \overset{(*)}{=} ac(3-b)^{c-1} \overset{ac>0}{\iff} (3-b)^{c-1} = 0 \overset{c>1}{\implies} b = 3$$

(ii) Die Steigung der Tangente an die Kurve $y = f(x)$ im Punkt $(4, f(4))$ ist gegeben durch $f'(4)$. Man erhält daher

$$6 = f'(4) \overset{(*)}{=} ac(4-b)^{c-1} \overset{b=3}{=} ac(4-3)^{c-1} = ac$$

und damit wegen $c > 0$ die Beziehung $a = \frac{6}{c}$.

(iii) Einsetzen von $a = \frac{6}{c}$ und $b = 3$ in die definierende Gleichung von f ergibt

$$f(x) = \frac{6}{c}(x-3)^c + 1\,, \; x \in \mathbb{R}$$

Wegen $c > 1 > 0$ ist $f(x) \geq 1 > 0$ für alle $x \geq 3$. Die gesuchte Fläche liegt somit oberhalb der x-Achse. Wegen

$$\begin{aligned}\int_3^4 f(x)\,dx &= \frac{6}{c}\int_3^4 (x-3)^c\,dx + \int_3^4 1\,dx = \frac{6}{c}\left[\frac{1}{c+1}(x-3)^{c+1}\right]_{x=3}^{x=4} + [x]_{x=3}^{x=4} \\ &= \frac{6}{c(c+1)}(1-0) + 4 - 3 = \frac{6}{c(c+1)} + 1\end{aligned}$$

folgt daher aus Bedingung (iii)

$$\begin{aligned}2 = \int_3^4 f(x)\,dx &\iff 2 = \frac{6}{c(c+1)} + 1 \iff 1 = \frac{6}{c(c+1)} \\ &\iff c(c+1) = 6 \iff c^2 + c - 6 = 0 \\ &\iff (c-2)(c+3) = 0 \iff c = 2 \vee c = -3\end{aligned}$$

Aufgrund der Bedingung $c > 1$ ist $c = 2$ die gesuchte Lösung. Aus dem Zusammenhang $a = \frac{6}{c}$ resultiert weiterhin $a = \frac{6}{2} = 3$.

Insgesamt erhält man somit die Darstellung

$$f(x) = 3\,(x-3)^2 + 1\;,\; x \in \mathbb{R}$$

Hieraus folgt (vgl. (∗)) $f'(x) = 6(x-3) = 6x - 18$, $x \in \mathbb{R}$, sodass insbesondere $f''(x) = 6$, $x \in \mathbb{R}$. Wegen $f''(3) = 6 > 0$ besitzt f somit in $x_0 = 3$ (wie verlangt) eine lokale Minimalstelle. Die Tangentengleichung der Tangente im Punkt $(4, f(4)) = (4, 4)$ lautet

$$T(x) = 4 + 6(x-4) = 6x - 20, \quad x \in \mathbb{R}$$

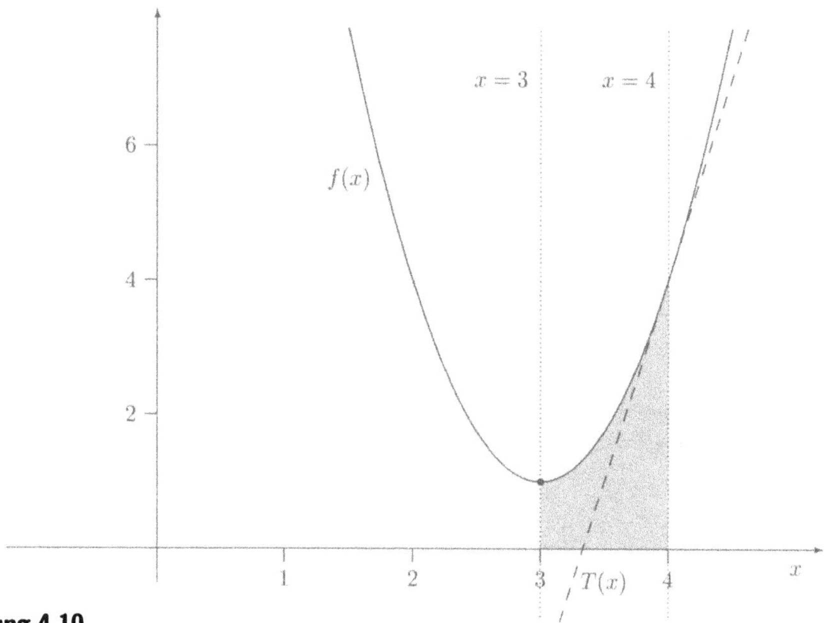

73►A **Lösung 4.10**

(a) Es ist $x^2 + 1 \geq 1$ für alle $x \in \mathbb{R}$, da Quadrate stets nicht-negativ sind. Folglich ist der Nenner stets ungleich Null. Das bedeutet $\mathcal{D} = \mathbb{R}$.

(b) Aus der Darstellung

$$f(x) = \frac{x^2 - 9}{x^2 + 1} = \frac{1 - \frac{9}{x^2}}{1 + \frac{1}{x^2}}$$

erhält man sofort

$$\lim_{x\to\infty} f(x) = \frac{1}{1} = 1 \quad \text{und} \quad \lim_{x\to-\infty} f(x) = \frac{1}{1} = 1$$

(c) Es ist

$$f(x) = 0 \iff x^2 - 9 = 0 \iff (x-3)(x+3) = 0 \iff x = 3 \vee x = -3$$

Wegen $3 \in \mathcal{D}$, $-3 \in \mathcal{D}$ sind $x = -3$ und $x = 3$ die Nullstellen von f.

(d) Die Quotientenregel liefert für die erste Ableitung

$$f'(x) = \frac{2x(x^2+1) - (x^2-9)\cdot 2x}{(x^2+1)^2} = \frac{20x}{(x^2+1)^2}, \; x \in \mathcal{D}$$

Die einzige Nullstelle von f' ist $x = 0$. Da es keine Definitionslücken gibt und f' stetig ist, kann sich nur dort das Monotonieverhalten ändern. Vorzeichentests an den Stellen $x = -1$ und $x = 1$ ergeben

$$f'(-1) = \frac{-20}{4} = -5 < 0 \implies f \text{ monoton fallend auf } (-\infty, 0)$$
$$f'(1) = \frac{20}{4} = 5 > 0 \implies f \text{ monoton wachsend auf } (0, \infty)$$

Alternativ kann die Ableitung aus der Darstellung

$$f(x) = \frac{x^2+1}{x^2+1} - \frac{10}{x^2+1} = 1 - \frac{10}{x^2+1}, \quad x \in \mathcal{D}$$

bestimmt werden.

(e) Aufgrund des Monotonieverhaltens und der Stetigkeit von f hat f ein lokales Minimum an der Stelle $x = 0$ mit Wert $f(0) = -9$. (Dies ist sogar das globale Minimum.)

(f) Mit der Quotientenregel erhält man die zweite Ableitung

$$f''(x) = \frac{20(x^2+1)^2 - 20x\cdot 4x(x^2+1)}{(x^2+1)^4} = \frac{20(x^2+1) - 80x^2}{(x^2+1)^3} = \frac{20(-3x^2+1)}{(x^2+1)^3}$$

Nullstellen der zweiten Ableitung sind $x = -\frac{1}{\sqrt{3}}$ und $x = \frac{1}{\sqrt{3}}$. Da f'' stetig auf $\mathbb{R}$ ist, genügt es auch hier, Vorzeichentests in den Intervallen $(-\infty, -\frac{1}{\sqrt{3}})$, $(-\frac{1}{\sqrt{3}}, \frac{1}{\sqrt{3}})$ und $(\frac{1}{\sqrt{3}}, \infty)$ durchzuführen.

$$f''(-1) = \frac{-40}{8} = -5 < 0 \implies f \text{ konkav auf } \left(-\infty, -\frac{1}{\sqrt{3}}\right)$$
$$f''(0) = \frac{20}{1} = 20 > 0 \implies f \text{ konvex auf } \left(-\frac{1}{\sqrt{3}}, \frac{1}{\sqrt{3}}\right)$$
$$f''(1) = \frac{-40}{8} = -5 < 0 \implies f \text{ konkav auf } \left(\frac{1}{\sqrt{3}}, \infty\right)$$

(g) Aufgrund des Krümmungsverhaltens hat f zwei Wendestellen in $x = -\frac{1}{\sqrt{3}}$ und in $x = \frac{1}{\sqrt{3}}$.

(h) Wertetabelle und Graf von f (f ist eine gerade Funktion):

-7	-3	-2	-1	0	1	2	3	7
$0,8$	0	-1	-4	-9	-4	-1	0	$0,8$

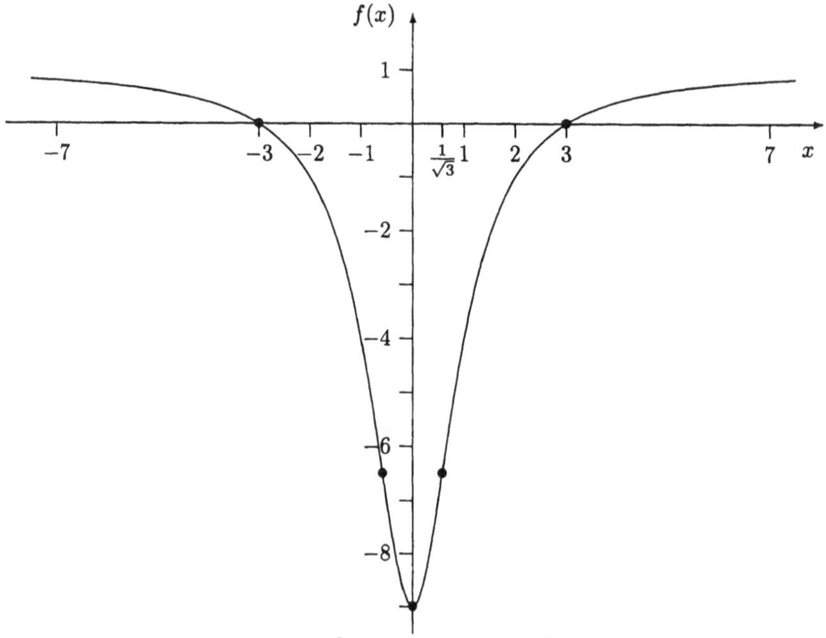

74▶A **Lösung 4.11** Zunächst gilt $f(x) = \dfrac{x^2+2x+1}{x-1} = \dfrac{(x+1)^2}{x-1}$, $x \in \mathcal{D}$.

(a) Wegen $x - 1 = 0 \iff x = 1$ folgt $\mathcal{D} = \mathbb{R} \setminus \{1\}$.

(b) Es gilt (*alternativ* direkt mit KCO, S. 105)

$$\begin{aligned}
\lim_{x\to 1^-} \frac{(x+1)^2}{x-1} &= \lim_{h\to 0^+} \frac{(1-h+1)^2}{1-h-1} = \lim_{h\to 0^+} \frac{(2-h)^2}{-h} = -\infty \\
\lim_{x\to 1^+} \frac{(x+1)^2}{x-1} &= \lim_{h\to 0^+} \frac{(1+h+1)^2}{1+h-1} = \lim_{h\to 0^+} \frac{(2+h)^2}{h} = \infty
\end{aligned}$$

(c) Da die Zählerpotenz größer ist als die Nennerpotenz, erhält man unter Berücksichtigung der Vorzeichen der Leitkoeffizienten in Zähler und Nenner

$$\lim_{x\to -\infty} \frac{(x+1)^2}{x-1} = -\infty \quad \text{und} \quad \lim_{x\to \infty} \frac{(x+1)^2}{x-1} = \infty$$

(d) Es ist $f(x) = 0 \iff (x+1)^2 = 0 \iff x = -1$. Somit ist $x = -1$ die einzige Nullstelle von f.

(e) Mit der Quotientenregel erhält man

$$f'(x) = \frac{2(x+1)(x-1) - (x+1)^2 \cdot 1}{(x-1)^2} = \frac{(x+1)(2x-2-x-1)}{(x-1)^2} = \frac{(x+1)(x-3)}{(x-1)^2}$$

Somit ist

$$f'(x) = 0 \iff (x+1)(x-3) = 0 \iff x = -1 \vee x = 3$$

Aufgrund der Stetigkeit von f' auf $\mathcal{D}$ erhält man folgende Monotonieintervalle

- Wegen $f'(-2) = \frac{5}{9} > 0$ ist f auf $(-\infty, -1)$ streng monoton wachsend.
- Wegen $f'(0) = -3 < 0$ ist f auf $(-1, 1)$ streng monoton fallend.
- Wegen $f'(2) = -3 < 0$ ist f auf $(1, 3)$ ebenfalls streng monoton fallend.
- Wegen $f'(4) = \frac{5}{9} > 0$ ist f auf $(3, \infty)$ streng monoton wachsend.

(f) Wegen des Monotonieverhaltens und der Stetigkeit von f auf $\mathcal{D}$ hat f ein lokales Maximum in $x = -1$ und außerdem ein lokales Minimum in $x = 3$.

(g) Nach der Quotientenregel gilt wegen $(x+1)(x-3) = x^2 - 2x - 3$

$$\begin{aligned} f''(x) &= \frac{(2x-2)(x-1)^2 - (x^2-2x-3)\cdot 2(x-1)}{(x-1)^4} \\ &= \frac{2x^2 - 4x + 2 - 2x^2 + 4x + 6}{(x-1)^3} = \frac{8}{(x-1)^3}, \quad x \in \mathcal{D} \end{aligned}$$

Alternativ: Für $x \in \mathcal{D}$ resultiert aus $f'(x) = \frac{x^2-2x-3}{(x-1)^2} = \frac{x^2-2x+1}{(x-1)^2} - \frac{4}{(x-1)^2} = 1 - \frac{4}{(x-1)^2}$ direkt die zweite Ableitung $f''(x) = \frac{8}{(x-1)^3}$.

Also ist $f''(x) \neq 0$ für alle $x \in \mathcal{D}$. Das Krümmungsverhalten kann sich wegen der Stetigkeit von f'' auf $\mathcal{D}$ also nur an der Definitionslücke ändern.

- Wegen $f''(0) = \frac{8}{-1} = -8 < 0$ ist f auf $(-\infty, 1)$ konkav.
- Wegen $f''(2) = \frac{8}{1} = 8 > 0$ ist f auf $(1, \infty)$ konvex.

(h) Graf von f:

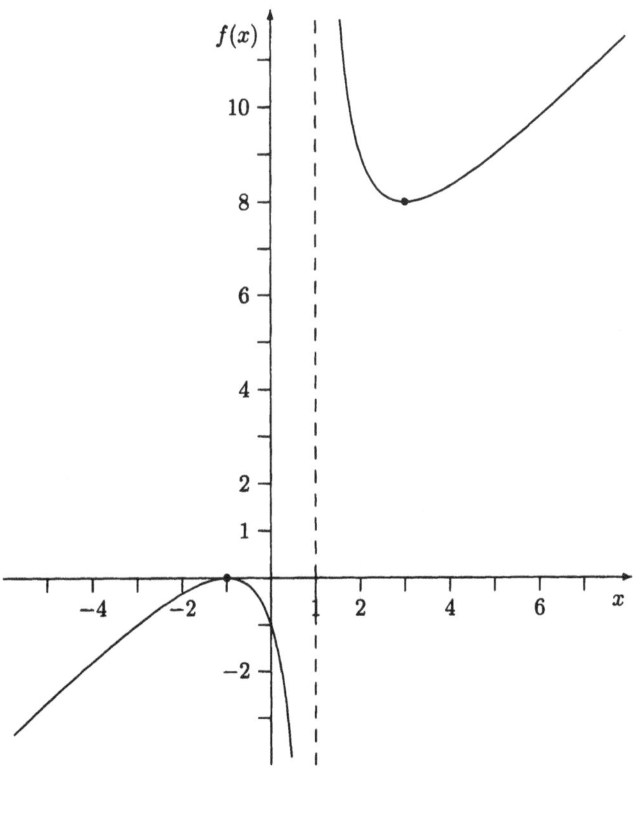

74▶A **Lösung 4.12**

(a) $-f(-x) = -\frac{-x}{(-x)^2-4} = \frac{x}{x^2-4} = f(x)$, $x \in \mathcal{D} = \mathbb{R} \setminus \{-2, 2\}$.

(b) $\lim\limits_{x \to -2^-} \frac{x}{x^2-4} = -\infty$, da für $x < -2$ einerseits $x < 0$ und andererseits $x^2 > 4$ ist.

$\lim\limits_{x \to -2^+} \frac{x}{x^2-4} = +\infty$, da für $x \in (-2, 0)$ einerseits $x < 0$ und andererseits $x^2 < 4$ ist.

Aufgrund der Punktsymmetrie gilt außerdem

$$\lim_{x \to 2^+} \frac{x}{x^2-4} = +\infty \quad \text{sowie} \quad \lim_{x \to 2^-} \frac{x}{x^2-4} = -\infty$$

(c) Mit der Quotientenregel erhält man

$$f'(x) = \frac{1 \cdot (x^2-4) - x \cdot 2x}{(x^2-4)^2} = \frac{-x^2-4}{(x^2-4)^2} = -\frac{x^2+4}{(x^2-4)^2}, \quad x \in \mathcal{D}$$

sowie weiter

$$\begin{aligned} f''(x) &= \frac{(-2x)(x^2-4)^2 + (x^2+4) \cdot 2(x^2-4)2x}{(x^2-4)^4} \\ &= \frac{(-2x)(x^2-4) + (x^2+4) \cdot 4x}{(x^2-4)^3} \\ &= \frac{2x(-x^2+4+2x^2+8)}{(x^2-4)^3} \\ &= \frac{2x(x^2+12)}{(x^2-4)^3} \end{aligned}$$

(d) Wegen $x^2 + 4 = 0 \iff x^2 = -4$ hat f' keine Nullstellen und f folglich keine lokalen Extremalstellen. Das Monotonieverhalten kann sich somit wegen der Stetigkeit von f' auf $\mathcal{D}$ nur an den Definitionslücken $x_1 = -2$ und $x_2 = 2$ ändern.

Wegen $x^2 + 4 > 0$ und $(x^2-4)^2 > 0$ für $x \in \mathcal{D}$ folgt

$$f'(x) = -\frac{x^2+4}{(x^2-4)^2} < 0 \text{ für alle } x \in \mathcal{D}$$

Somit ist f auf allen Teilintervallen von $\mathcal{D}$ streng monoton fallend.

(e) Die einzige Nullstelle von f'' ist $x = 0$, da $x^2 + 12$ keine Nullstelle hat. Somit sind wegen der Stetigkeit von f'' auf $\mathcal{D}$ folgende Intervalle zu betrachten:

- Auf dem Intervall $(-\infty, -2)$ ist f wegen $f''(-3) = \frac{-54-72}{125} = -\frac{126}{125} < 0$ konkav.
- Auf dem Intervall $(-2, 0)$ ist f wegen $f''(-1) = \frac{-2-24}{-27} = \frac{26}{27} > 0$ konvex.
- Auf dem Intervall $(0, 2)$ ist f wegen $f''(1) = \frac{2+24}{-27} = -\frac{26}{27} < 0$ konkav.
- Auf dem Intervall $(2, \infty)$ ist f wegen $f''(3) = \frac{54+72}{125} = \frac{126}{125} > 0$ konvex.

(*Alternativ* kann man mit der Punktsymmetrie argumentieren.)
Es folgt, dass f einen Wendepunkt in $(0, 0)$ hat.

(f) Graf von f:

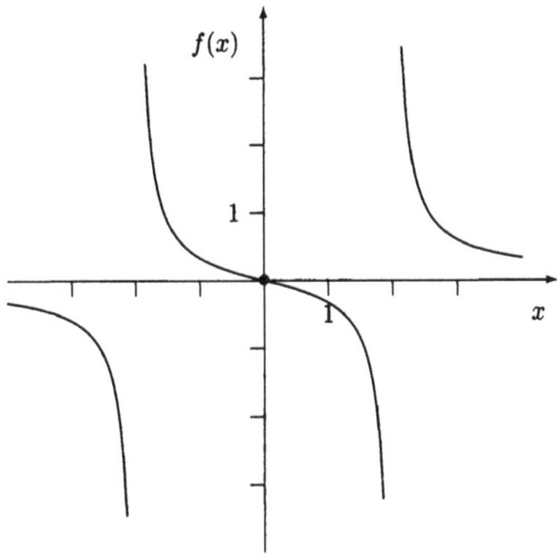

Lösung 4.13

75►A

(a) Für $x \in \mathcal{D} = \mathbb{R}\backslash\{-1,1\}$ gilt $f(x) = \frac{(x+2)(x-2)}{x^2-1} = 0 \iff x \in \{-2,2\}$.
Somit sind $x_1 = -2$ und $x_2 = 2$ die einzigen Nullstellen von f.

(b) Mit $f(0) = \frac{-4}{-1} = 4$ ist der Schnittpunkt des Grafen mit der y–Achse gegeben durch $(0, f(0)) = (0,4)$.

(c) Ausmultiplizieren des Zählers ergibt für f die Darstellung

$$f(x) = \frac{x^2-4}{x^2-1} = \frac{x^2-1-3}{x^2-1} = 1 - \frac{3}{x^2-1}, \quad x \in \mathcal{D}$$

Hieraus folgt unter Anwendung der Quotientenregel für $x \in \mathcal{D}$

$$f'(x) = 0 - \frac{0-3\cdot 2x}{\left(x^2-1\right)^2} = \frac{6x}{\left(x^2-1\right)^2} \begin{cases} > 0, & x > 0 \\ = 0, & x = 0 \\ < 0, & x < 0 \end{cases}$$

Somit ist f streng monoton fallend auf $(-\infty,-1)$ und $(-1,0)$ sowie streng monoton wachsend auf $(0,1)$ und $(1,\infty)$. Die Monotoniebereiche sind in der folgenden Grafik illustriert.

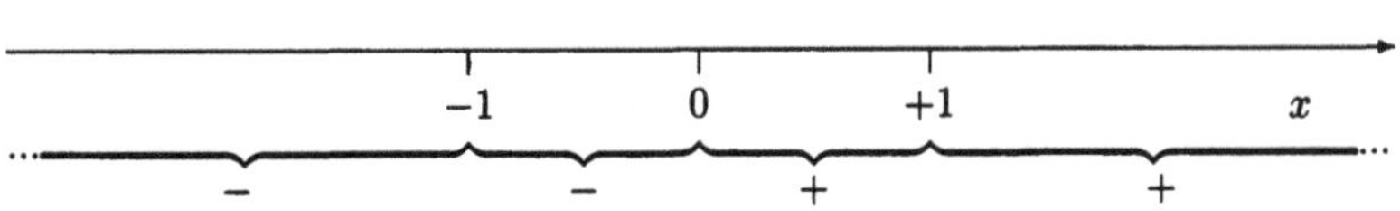

(d) Gemäß (c) gilt $f'(x) = 0 \iff x = 0$. Einziger Kandidat für eine lokale Extremalstelle der Funktion f ist daher $x_3 = 0$. Erneutes Differenzieren wiederum unter Anwendung der Quotientenregel liefert

$$f''(x) = \frac{6(x^2-1)^2 - 6x \cdot 2(x^2-1) \cdot 2x}{(x^2-1)^4} = \frac{6(x^2-1) - 24x^2}{(x^2-1)^3} = -\frac{18x^2+6}{(x^2-1)^3}, \ x \in \mathcal{D}$$

Wegen $f''(0) = 6 > 0$ besitzt f in $x_3 = 0$ ein lokales Minimum mit zugehörigem Funktionswert $f(0) = 4$.

Alternative: Dasselbe Resultat kann auch ohne weitere Rechnung direkt mit der Monotonieüberlegung aus (c) erzielt werden.

(e) Gemäß (c) ist f insbesondere auf dem Intervall $[3,5]$ streng monoton wachsend. Es folgt daher

$$\max\{f(x) \mid x \in [3,5]\} = f(5) = \tfrac{7\cdot 3}{24} = \tfrac{7}{8}, \quad \min\{f(x) \mid x \in [3,5]\} = f(3) = \tfrac{5}{8}$$

(f) Aus (c) erhält man $f(x) = \dfrac{1-4/x^2}{1-1/x^2}$, $x \in \mathcal{D}$. Hieraus folgt unmittelbar

$$\lim_{x\to\infty} f(x) = 1, \quad \lim_{x\to-\infty} f(x) = 1$$

Die Anwendung der dritten binomischen Formel auf den Nenner ergibt für f die Darstellung

$$f(x) = \frac{(x+2)(x-2)}{x^2-1} = \frac{(x+2)(x-2)}{(x+1)(x-1)}, \ x \in \mathcal{D}$$

Hierbei ist $\frac{(-1+2)(-1-2)}{-1-1} = \frac{-3}{-2} = \frac{3}{2} > 0$ und $\frac{(1+2)(1-2)}{1+1} = \frac{-3}{2} = -\frac{3}{2} < 0$. Daher folgt (s. KCO, Verhalten gebrochen rationaler Funktionen an ihren Definitionslücken, S. 105)

$$\lim_{x\to-1-} f(x) = -\infty, \quad \lim_{x\to-1+} f(x) = \infty, \quad \lim_{x\to 1-} f(x) = \infty, \quad \lim_{x\to 1+} f(x) = -\infty$$

Der Graf von f hat folgendes Aussehen.

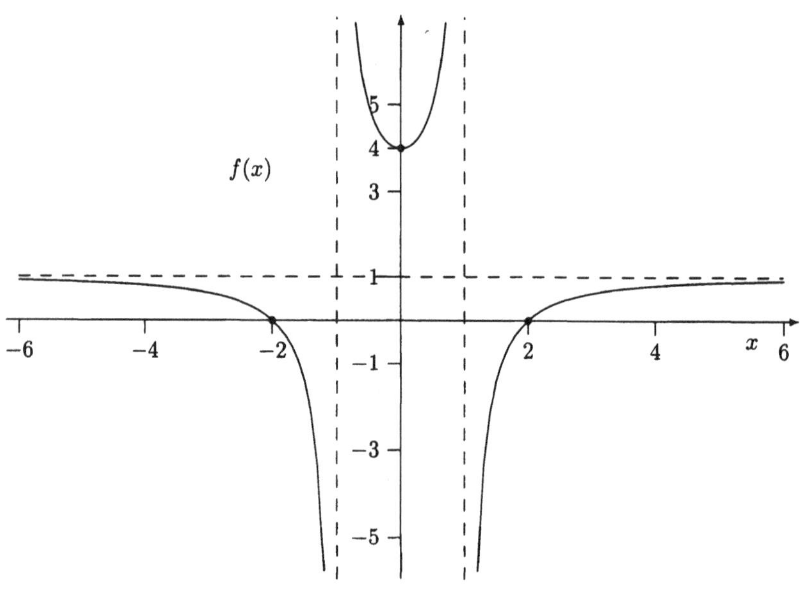

Lösung 4.14 75▶A

(a) Zunächst ist festzustellen, dass f eine hebbare Lücke in $x = -1$ hat, denn

$$\frac{x^2+2x+1}{x+1}\cdot x\mathrm{e}^x = \frac{(x+1)^2}{x+1}\cdot x\mathrm{e}^x = (x+1)\cdot x\mathrm{e}^x, \quad x \in \mathbb{R}\setminus\{-1\}$$

und $\lim\limits_{x\to-1} f(x) = \lim\limits_{x\to-1}(x+1)\cdot x\mathrm{e}^x = 0$. f lässt sich also mit der Setzung $f(-1) = 0$ stetig fortsetzen zu $f(x) = (x+1)\,x\cdot\mathrm{e}^x$, $x \in \mathbb{R}$.

(b) Offensichtlich ist $\lim\limits_{x\to\infty} f(x) = \infty$.

Durch zweimaliges Anwenden der Regeln von l'Hospital erhält man

$$\lim_{x\to-\infty} f(x) = \lim_{x\to-\infty}\frac{x^2+x}{\mathrm{e}^{-x}} = \lim_{x\to-\infty}\frac{2x+1}{-\mathrm{e}^{-x}} = \lim_{x\to-\infty}\frac{2}{\mathrm{e}^{-x}} = \lim_{x\to-\infty} 2\,\mathrm{e}^x = 0$$

(c) Da $\mathrm{e}^x \neq 0$ für alle $x \in \mathbb{R}$, gilt

$$f(x) = 0 \iff (x+1)x = 0 \iff x = -1 \vee x = 0$$

Nullstellen von f sind also $x = -1$ und $x = 0$.

(d) Zunächst erhält man die erste Ableitung mit Hilfe der Produktregel

$$f'(x) = (2x+1)\,\mathrm{e}^x + (x^2+x)\,\mathrm{e}^x = (x^2+3x+1)\,\mathrm{e}^x, \quad x \in \mathbb{R}$$

Die Nullstellen der Ableitung erhält man mittels quadratischer Ergänzung

$$\begin{aligned} f'(x) = 0 &\iff x^2+3x+1 = 0 \\ &\iff (x+\tfrac{3}{2})^2 = -1+\tfrac{9}{4} = \tfrac{5}{4} \\ &\iff x = \sqrt{\tfrac{5}{4}}-\tfrac{3}{2} \approx -0{,}4 \vee x = -\sqrt{\tfrac{5}{4}}-\tfrac{3}{2} \approx -2{,}6 \end{aligned}$$

Wegen der Stetigkeit von f' auf $\mathbb{R}$ ergeben sich folgende Monotonieintervalle:

- Auf dem Intervall $\left(-\infty, -\sqrt{\frac{5}{4}}-\frac{3}{2}\right)$ ist f wegen $f'(-3) = (9-9+1)\mathrm{e}^{-3} = \mathrm{e}^{-3} > 0$ streng monoton steigend.
- Auf dem Intervall $\left(-\sqrt{\frac{5}{4}}-\frac{3}{2}, \sqrt{\frac{5}{4}}-\frac{3}{2}\right)$ ist die Funktion f streng monoton fallend, denn $f'(-1) = (1-3+1)\mathrm{e}^{-1} = -\mathrm{e}^{-1} < 0$.
- Auf dem Intervall $\left(\sqrt{\frac{5}{4}}-\frac{3}{2}, \infty\right)$ ist f wegen $f'(0) = (0+0+1)\mathrm{e}^0 = 1 > 0$ streng monoton steigend.

(e) Aufgrund des Monotonieverhaltens hat f ein lokales Maximum in $x = -\sqrt{\frac{5}{4}}-\frac{3}{2}$ sowie ein lokales Minimum in $x = \sqrt{\frac{5}{4}}-\frac{3}{2}$.

(f) Mittels der Produktregel erhält man die zweite Ableitung

$$f''(x) = (2x+3)\,e^x + (x^2+3x+1)\,e^x = (x^2+5x+4)\,e^x, \quad x \in \mathbb{R}$$

Mit Hilfe quadratischer Ergänzung berechnet man die Nullstellen von f''

$$\begin{aligned} f''(x) = 0 \quad &\Longleftrightarrow \quad x^2+5x+4=0 \\ &\Longleftrightarrow \quad (x+\tfrac{5}{2})^2 = -4+\tfrac{25}{4} = \tfrac{9}{4} \\ &\Longleftrightarrow \quad x = \tfrac{3}{2}-\tfrac{5}{2} = -1 \vee x = -\tfrac{3}{2}-\tfrac{5}{2} = -4 \end{aligned}$$

Folglich sind diese Intervalle zu betrachten:

- Auf dem Intervall $(-\infty,-4)$ ist f wegen $f''(-5) = (25-25+4)\,e^{-5} = 4\,e^{-5} > 0$ konvex.
- Auf dem Intervall $(-4,-1)$ ist f wegen $f''(-2) = (4-10+4)\,e^{-2} = -2\,e^{-2} < 0$ konkav.
- Auf dem Intervall $(-1,\infty)$ ist f wegen $f''(0) = (0+0+4)\,e^0 = 4 > 0$ konvex.

(g) Die Steigung der Tangente an f im Punkt $(0,0)$ ist der Wert der Ableitung an der Stelle $x=0$, also gleich $f'(0) = 1\cdot e^0 = 1$. Da die Tangentengleichung an der Stelle x_0 gegeben ist durch $T(x) = f'(x_0)\cdot x + f(x_0)$, erhält man hier $T(x) = x$, $x \in \mathbb{R}$, für die Tangente an den Grafen von f im Punkt $(0,0)$.

(h) Graf von f:

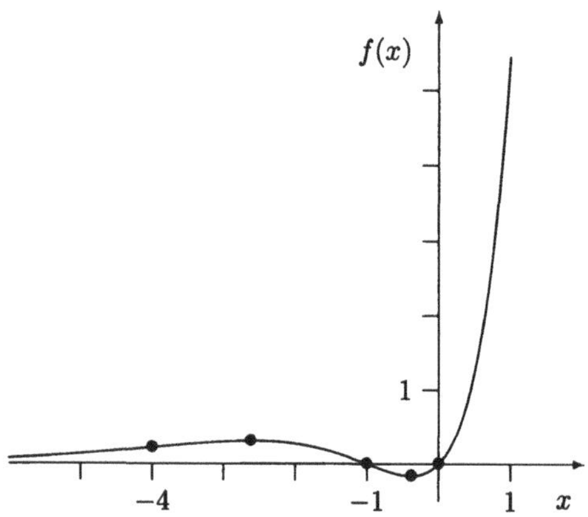

76►A **Lösung 4.15**

(a) Da $x^2+1>0$ für alle $x\in\mathbb{R}$, ist $\mathcal{D}=\mathbb{R}$. Da $e^x>0$ für alle $x\in\mathbb{R}$, hat f keine Nullstellen.

(b) Mit der Quotientenregel berechnet man die erste Ableitung:

$$f'(x) = \frac{e^x(x^2+1) - e^x\cdot 2x}{(x^2+1)^2} = \frac{e^x(x^2-2x+1)}{(x^2+1)^2} = \frac{e^x(x-1)^2}{(x^2+1)^2}, \quad x\in\mathbb{R}$$

(c) Da $e^x > 0$ für alle $x \in \mathbb{R}$, ist $x = 1$ die einzige Nullstelle von f'. Folglich gibt es die Monotonieintervalle $(-\infty, 1)$ und $(1, \infty)$.

- Auf $(-\infty, 1)$ ist f wegen $f'(0) = \frac{1}{1} = 1 > 0$ streng monoton steigend.
- Auf $(1, \infty)$ ist f wegen $f'(2) = \frac{e^2}{25} > 0$ ebenfalls streng monoton steigend.

(d) Aufgrund des Monotonieverhaltens hat die stetige Funktion f keine lokalen Extrema.

(e) Für $x \to -\infty$ konvergiert e^x gegen Null und $\frac{1}{x^2+1}$ ebenfalls. Somit ist $\lim\limits_{x\to-\infty} f(x) = 0$. Für $x \to \infty$ streben Zähler und Nenner jeweils gegen ∞. Durch zweimaliges Anwenden der Regeln von l'Hospital ergibt sich

$$\lim_{x\to\infty} \frac{e^x}{x^2+1} = \lim_{x\to\infty} \frac{e^x}{2x} = \lim_{x\to\infty} \frac{e^x}{2} = \infty$$

(f) Die Tangente an f an der Stelle $x = 0$ hat die Steigung $f'(0) = 1$. Da außerdem $f(0) = 1$ ist, hat die Tangente die Gleichung $T(x) = 1 + x$, $x \in \mathbb{R}$. Die von der Tangente mit der x-Achse über $[-1, 0]$ eingeschlossene Fläche ist also ein Dreieck, dessen Grundseite und Höhe eine Längeneinheit betragen. Somit ist der Flächeninhalt $A = \frac{1}{2} \cdot 1 \cdot 1 = \frac{1}{2}$.

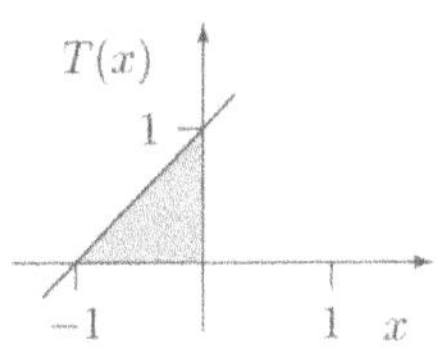

Der Graf von f hat folgendes Aussehen (zur Information):

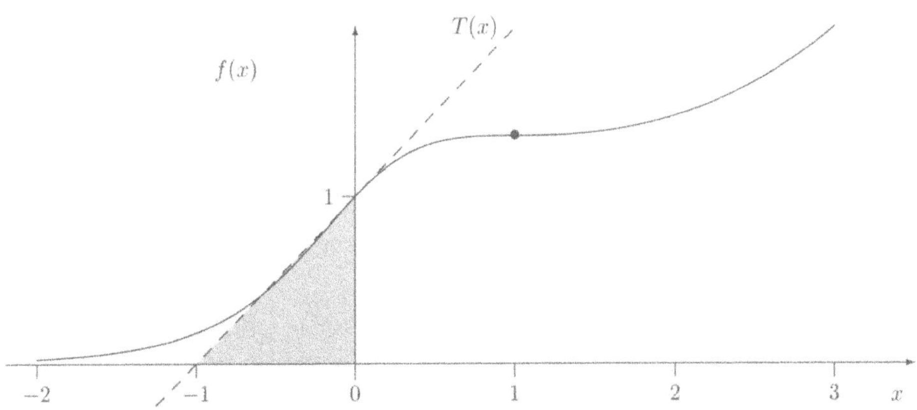

76▶A **Lösung 4.16**

(a) Der maximale Definitionsbereich ist $\mathcal{D} = \mathbb{R} \setminus \{0\}$.

(b) Da $x - 1 < 0$ für alle $x \in (-1,1) \setminus \{0\}$ und $\lim\limits_{x\to 0} \mathrm{e}^x = 1$, folgt (vgl. KCO, S. 105)

$$\lim_{x\to 0^-} \frac{x-1}{x} \cdot \mathrm{e}^x = +\infty \quad \text{und} \quad \lim_{x\to 0+} \frac{x-1}{x} \cdot \mathrm{e}^x = -\infty$$

(c) Da $\lim\limits_{x\to+\infty} \frac{x-1}{x} = \lim\limits_{x\to+\infty} (1 - \frac{1}{x}) = 1$ bzw. $\lim\limits_{x\to-\infty} \frac{x-1}{x} = \lim\limits_{x\to-\infty} (1 - \frac{1}{x}) = 1$, ist

$$\lim_{x\to-\infty} f(x) = \lim_{x\to-\infty} \mathrm{e}^x = 0 \quad \text{und} \quad \lim_{x\to+\infty} f(x) = \lim_{x\to+\infty} \mathrm{e}^x = \infty$$

(d) Da $\mathrm{e}^x \neq 0$ für alle $x \in \mathbb{R}$, gilt

$$f(x) = 0 \iff x - 1 = 0 \iff x = 1$$

Wegen $1 \in \mathcal{D}$ ist $x = 1$ die einzige Nullstelle von f.

(e) Es ist

$$f'(x) = 0 \iff x^2 - x + 1 = 0 \iff (x - \tfrac{1}{2})^2 = -1 + \tfrac{1}{4} \quad (= -\tfrac{3}{4})$$

Da Quadrate stets nicht-negativ sind, hat f' keine Nullstelle und damit f keinen lokalen Extrempunkt. Das Monotonieverhalten kann sich also nur an der Definitionslücke ändern.

- Wegen $f'(-1) = \frac{3}{1}\mathrm{e}^{-1} = 3\,\mathrm{e}^{-1} > 0$ ist f auf $(-\infty, 0)$ streng monoton wachsend.
- Wegen $f'(1) = \frac{1}{1}\mathrm{e}^1 = \mathrm{e} > 0$ ist f auf $(0,\infty)$ ebenfalls streng monoton wachsend.

(f) Es gilt

$$\begin{aligned} f''(x) = 0 &\iff x^3 - x^2 + 2x - 2 = 0 \\ &\iff x^2(x-1) + 2(x-1) = 0 \\ &\iff (x-1)(x^2+2) = 0 \\ &\iff x - 1 = 0 \iff x = 1 \end{aligned}$$

Das Krümmungsverhalten kann sich daher nur an der Definitionslücke $x = 0$ und in $x = 1$ ändern.

- Da $f''(-1) = \frac{-1-1-2-2}{-1}\mathrm{e}^{-1} = 6\mathrm{e}^{-1} > 0$, ist f auf $(-\infty, 0)$ konvex.
- Da $f''(\frac{1}{2}) = 8 \cdot (\frac{1}{8} - \frac{1}{4} + 1 - 2)\,\mathrm{e}^{\frac{1}{2}} = -9\sqrt{\mathrm{e}} < 0$, ist f auf $(0,1)$ konkav.
- Da $f''(2) = \frac{1}{8}(8 - 4 + 4 - 2)\,\mathrm{e}^2 = \frac{3}{4}\mathrm{e}^2 > 0$, ist f auf $(1,\infty)$ konvex.

Da $x = 0$ nicht im Definitionsbereich liegt, hat f lediglich einen Wendepunkt in $(1,0)$.

(g) Graf von f:

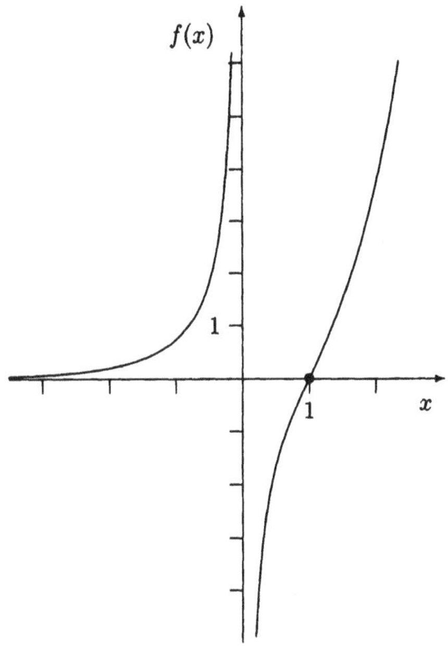

Lösung 4.17

77▶A

(a) Da das Argument des Logarithmus gleich $(x+1)^2 + 1 > 0$ ist, ist $\mathcal{D} = \mathbb{R}$.

(b) Da der Term im Logarithmus für $x \to -\infty$ und für $x \to +\infty$ jeweils gegen ∞ konvergiert, gilt $\lim\limits_{x\to+\infty} f(x) = \lim\limits_{x\to-\infty} f(x) = \infty$.

(c) Es ist $f(x) = 0 \Longleftrightarrow (x+1)^2 + 1 = 1 \Longleftrightarrow x + 1 = 0$, d.h. die einzige Nullstelle von f ist $x = -1$.

(d) Aufgrund der strengen Monotonie der Logarithmusfunktion (s. KCO, S. 108) folgt für $x \in \mathbb{R}\backslash\{-1\}$:

$$f(x) = \ln\bigl(1 + \underbrace{(x+1)^2}_{>0}\bigr) > \ln(1) = 0$$

(e) Nach der Kettenregel ist die Ableitung von f gegeben durch

$$f'(x) = \frac{2x+2}{x^2+2x+2}, \quad x \in \mathbb{R}$$

Einzige Nullstelle von f' ist demnach $x = -1$.

Monotonieverhalten:

- Wegen $f'(-2) = \frac{-4+2}{4-4+2} = -1 < 0$ ist f auf dem Intervall $(-\infty, -1)$ streng monoton fallend.
- Wegen $f'(0) = \frac{2}{2} = 1 > 0$ ist f auf dem Intervall $(-1, \infty)$ streng monoton steigend.

(f) Folglich hat f ein lokales Minimum in $(-1, 0)$. Wegen des Verhaltens im Unendlichen und der Stetigkeit von f ist das in (e) ermittelte lokale Minimum das globale Minimum von f. Ein globales Maximum gibt es wegen (b) nicht.

(g) Mit der Quotientenregel resultiert die zweite Ableitung

$$\begin{aligned} f''(x) &= \frac{2(x^2+2x+2)-(2x+2)(2x+2)}{(x^2+2x+2)^2} \\ &= \frac{2x^2+4x+4-4x^2-8x-4}{(x^2+2x+2)^2} = -\frac{2x^2+4x}{(x^2+2x+2)^2} = -\frac{2x(x+2)}{(x^2+2x+2)^2}, \quad x \in \mathbb{R} \end{aligned}$$

Die Nullstellen von f'' sind offensichtlich $x = -2$ und $x = 0$.

Krümmungsverhalten:

- Da $f''(-3) = \frac{-18+12}{(9-6+2)^2} = -\frac{6}{25} < 0$, ist f auf dem Intervall $(-\infty, -2)$ konkav.
- Da $f''(-1) = \frac{-2+4}{(1-2+2)^2} = 2 > 0$, ist f auf dem Intervall $(-2, 0)$ konvex.
- Da $f''(1) = \frac{-2-4}{(1+2+2)^2} = -\frac{6}{25} < 0$, ist f auf dem Intervall $(0, \infty)$ konkav.

(h) Aufgrund des Krümmungsverhaltens hat f Wendestellen in $x = -2$ und in $x = 0$ (jeweils mit Funktionswert $\ln(2)$).

(i) Graf von f:

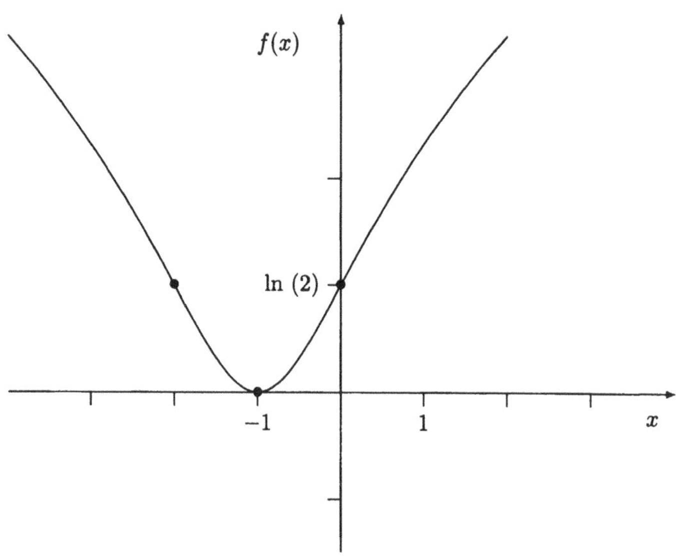

Lösung 4.18

77▶A

(a) Wegen $x^2 > 0 \iff x \neq 0$ ist $\mathcal{D} = \mathbb{R} \setminus \{0\}$.
Es gilt $f(-x) = -x \cdot \ln((-x)^2) = -x \cdot \ln(x^2) = -f(x)$ für alle $x \in \mathcal{D}$.

(b) Mit Umformungen und einer der Regeln von l'Hospital erhält man

$$\lim_{x\to 0} \left(x \cdot \ln(x^2)\right) = \lim_{x\to 0} \frac{\ln(x^2)}{\frac{1}{x}} = \lim_{x\to 0} \frac{\frac{2x}{x^2}}{-\frac{1}{x^2}} = \lim_{x\to 0} (-2x) = 0$$

Da für $x \to \infty$ auch $\ln(x) \to \infty$ gilt, folgt $\lim\limits_{x\to\infty} \left(x \cdot \ln(x^2)\right) = \infty$.

Wegen der Punktsymmetrie ist folglich $\lim\limits_{x\to-\infty} \left(x \cdot \ln(x^2)\right) = -\infty$.

(c) Für $x \in \mathcal{D}$ gilt (beachte $x = 0 \notin \mathcal{D}$)

$$f(x) = 0 \iff \ln(x^2) = 0 \iff x^2 = 1 \iff x = 1 \lor x = -1$$

Somit sind $x = -1$ und $x = 1$ die einzigen Nullstellen von f.

(d) Nach Produkt- und Kettenregel ist $f'(x) = 1 \cdot \ln(x^2) + x \cdot \frac{2x}{x^2} = \ln(x^2) + 2$, $x \in \mathcal{D}$.

(e) Es gilt

$$f'(x) = 0 \iff \ln(x^2) = -2 \iff x^2 = \mathrm{e}^{-2} \iff x = -\mathrm{e}^{-1} \lor x = \mathrm{e}^{-1}$$

Wegen der Stetigkeit von f' auf $(0, \infty)$ kann sich das Monotonieverhalten von f nur bei $x = \mathrm{e}^{-1}$ ändern. Es gilt:

- Da $f'(\frac{1}{2}\mathrm{e}^{-1}) = \ln(\frac{1}{4}\mathrm{e}^{-2}) + 2 = \ln(\frac{1}{4}) - 2 + 2 < \ln(1) = 0$, ist f streng monoton fallend auf $(0, \mathrm{e}^{-1})$.
- Da $f'(2\mathrm{e}^{-1}) = \ln(4\mathrm{e}^{-2}) + 2 = \ln(4) - 2 + 2 > \ln(1) = 0$, ist f streng monoton steigend auf $(\mathrm{e}^{-1}, \infty)$.
- Es folgt, dass f ein lokales Minimum in $(\mathrm{e}^{-1}, -2\mathrm{e}^{-1})$ hat.

Aufgrund der Punktsymmetrie erhält man weiter

- f ist monoton fallend auf $(-\mathrm{e}^{-1}, 0)$.
- f ist monoton steigend auf $(-\infty, -\mathrm{e}^{-1})$.
- Es folgt, dass f ein lokales Maximum in $(-\mathrm{e}^{-1}, 2\mathrm{e}^{-1})$ hat.

(f) Nach der Kettenregel ist

$$f''(x) = \frac{2x}{x^2} = \frac{2}{x}, \quad x \in \mathcal{D}$$

Folglich ist $f''(x) > 0$ für $x \in (0, \infty)$, d.h. die Funktion f ist konvex auf diesem Intervall, und $f''(x) < 0$ für $x \in (-\infty, 0)$, d.h. f ist konkav auf diesem Intervall. Da $0 \notin \mathcal{D}$, hat f keine Wendepunkte. (Würde man f in 0 stetig fortsetzen, wäre $(0, 0)$ ein Wendepunkt, obwohl f dort nicht zweimal differenzierbar ist!)

(g) Graf von f:

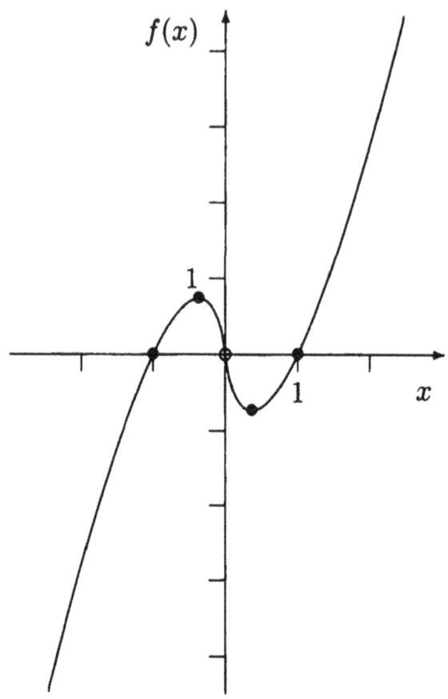

5 Integration

Checkliste

Thema	KCO	☹	😐	☺
Flächenberechnung	157	☐	☐	☐
Bestimmung von Integralen	161	☐	☐	☐
Regeln für bestimmte Integrale	165	☐	☐	☐
Stammfunktion, unbestimmte Integrale	166	☐	☐	☐
Hauptsatz der Differential- und Integralrechnung	166	☐	☐	☐
Partielle Integration	170	☐	☐	☐
Substitutionsregel	171	☐	☐	☐
Uneigentliche Integrale	173	☐	☐	☐

Fragen zum Verständnis

F.1 Was ist eine Zerlegung eines Intervalls? Geben Sie als Beispiel eine äquidistante Zerlegung von $[0, 1]$ in 5 Teilintervalle an.

F.2 Was sind Ober- und Untersummen? Illustrieren Sie diese grafisch am Beispiel $f(x) = x^2$ auf dem Intervall $[-1, 1]$.

F.3 Was bedeutet „(Riemann-)integrierbar"? Geben Sie Beispiele integrierbarer Funktionen an.

Lösungen

F.1 KCO, S. 158, Beispiel: $[0,1] = [0, \frac{1}{5}] \cup [\frac{1}{5}, \frac{2}{5}] \cup [\frac{2}{5}, \frac{3}{5}] \cup [\frac{3}{5}, \frac{4}{5}] \cup [\frac{4}{5}, 1]$.
F.2 KCO, S. 159.
F.3 KCO, S. 161, Bezeichnungskasten, Beispiele: Polynome, Potenzfunktionen.

F.4 Wann ist der Wert eines bestimmten Integrals gleich dem Flächeninhalt der vom Grafen der Funktion, der x-Achse und den durch die Integrationsgrenzen gegebenen Geraden eingeschlossenen Fläche?

F.5 Geben Sie jeweils eine stetige Funktion $f : [-1,1] \to \mathbb{R}$ an mit

(i) $\int_{-1}^{1} f(x)\,dx > 0$,

(ii) $\int_{-1}^{1} f(x)\,dx = 0$ und f nicht konstant 0,

(iii) $\int_{-1}^{1} f(x)\,dx < 0$.

F.6 Wie verändert sich der Wert eines bestimmten Integrals, wenn die Integrationsgrenzen vertauscht werden?

F.7 Wie werden stückweise stetige Funktionen mit Unstetigkeitsstellen $s_1, \ldots, s_n$ integriert?

F.8 Welcher Zusammenhang besteht zwischen Differentiation und Integration?

F.9 Ist eine Stammfunktion zu einer gegebenen Funktion stets eindeutig? Wenn nein, wie unterscheiden sich zwei Stammfunktionen zu einer Funktion f?

F.10 Vereinfachen Sie das bestimmte Integral $\int_{-1}^{1}(x^2 + 2e^x)\,dx$ mithilfe der Regeln für bestimmte Integrale, und berechnen Sie das Integral über den Hauptsatz der Differential- und Integralrechnung. (Prüfen Sie zunächst die Voraussetzungen dieses Satzes!)

F.11 Geben Sie für beliebiges $\alpha \in \mathbb{R}$ eine Stammfunktion zu $f(x) = x^\alpha$ an.

F.12 Erläutern Sie die Integrationsregel der partiellen Integration. Welche Voraussetzungen müssen die vorkommenden Funktionen erfüllen?

F.13 Geben Sie jeweils ein Beispiel für ein bestimmtes Integral an, dass mittels der Substitutionsregel bzw. mittels partieller Integration berechnet werden kann, und berechnen Sie die Integrale.

Lösungen

F.4 Wenn die Funktion auf dem Integrationsbereich nicht-negativ ist (vgl. KCO, S. 157ff.).

F.5 Für $f(x) = 1$ gilt $\int_{-1}^{1} f(x)\,dx = 2$; für $f(x) = x$ gilt $\int_{-1}^{1} f(x)\,dx = 0$; für $f(x) = -1$ gilt $\int_{-1}^{1} f(x)\,dx = -2$.

F.6 Das Vorzeichen wird vertauscht (s. KCO, S. 165, Merkkasten).

F.7 KCO, S. 163f., Bemerkung.

F.8 KCO, S. 166, Merkkasten.

F.9 KCO, S. 167.

F.10 Da der Integrand eine stetige Funktion ist, ist der Hauptsatz der Differential- und Integralrechnung anwendbar. Es gilt:
$\int_{-1}^{1}(x^2+2e^x)\,dx = \int_{-1}^{1} x^2\,dx + 2\cdot\int_{-1}^{1} e^x\,dx = \left[\frac{1}{3}x^3\right]_{-1}^{1} + 2\cdot\left[e^x\right]_{-1}^{1} = \left(\frac{1}{3}-\left(-\frac{1}{3}\right)\right) + 2\cdot(e^1 - e^{-1})$
$= \frac{2}{3} + 2(e - \frac{1}{e})$.

F.11 KCO, S. 167, Merkkasten.

F.12 KCO, S. 170, Merkkasten.

F.13 Beispiel für die Substitutionsregel: Seien $f(y) = e^y$, $g(x) = x^2 + 1$, also $g'(x) = 2x$. Dann ist mit der Substitutionsregel $\int_0^1 2x \cdot e^{(x^2+1)}\,dx = \int_1^2 e^y\,dy = e^2 - e$ (s.a. KCO, S. 171f.).
Beispiel zur partiellen Integration: Seien $u(x) = \frac{1}{2}x^2$ und $v(x) = \ln(x)$, also $u'(x) = x$ und $v'(x) = \frac{1}{x}$. Dann ist mit partieller Integration $\int_1^e x \cdot \ln(x)\,dx = [\frac{1}{2}x^2\ln(x)]_1^e - \int_1^e \frac{1}{2}x^2 \cdot \frac{1}{x}\,dx$
$= [\frac{1}{2}x^2\ln(x) - \frac{1}{4}x^2]_1^e = \frac{1}{4}(e^2+1)$ (s.a. KCO, S. 170).

F.14 Für welche Situationen werden uneigentliche Integrale eingeführt? Beschreiben Sie in einem Beispiel den Zusammenhang mit bestimmten Integralen.

Multiple Choice Fragen

M.1 Welche der folgenden Aussagen ist falsch?

Ⓐ Der Wert eines bestimmten Integrals entspricht stets dem Flächeninhalt der vom Funktionsgrafen und der Abszisse eingeschlossenen Fläche.

Ⓑ Der Wert eines Integrals kann Null sein, auch wenn der Integrand nicht konstant gleich Null ist.

Ⓒ Eine Stammfunktion heißt auch unbestimmtes Integral.

Ⓓ Jede Stammfunktion ist differenzierbar.

Ⓔ Sind f stetig auf $[a,b] \subseteq \mathbb{R}$ und F eine Stammfunktion von f, so gilt

$$\int_a^b f(x)\,dx = F(b) - F(a).$$

M.2 Gegeben seien der Ausdruck $I = \int_a^b f(x)\,dx$ und die Bezeichnungen

(1) Integrand
(2) Integrationsgrenze
(3) Integrationsbereich
(4) bestimmtes Integral

(a) a
(b) b
(c) $[a,b]$
(d) f
(e) I

In welcher Antwort stehen nur richtige Paare?

Ⓐ 1-d, 2-c, 4-c

Ⓑ 2-a, 3-c, 4-d

Ⓒ 1-e, 2-b, 3-d

Ⓓ 1-c, 3-d, 4-e

Ⓔ 1-d, 2-b, 4-e

Lösungen

F.14 KCO, S. 175, Bezeichnungskasten.

M.1 A, Gegenbeispiel: $\int_{-1}^{1} x\,dx = 0$, aber der Flächeninhalt ist $2 \cdot \frac{1 \cdot 1}{2} = 1$.

M.2 E, denn die richtigen Paare sind 1-d, 2-a, 2-b, 3-c, 4-e, s. KCO, S. 161, Bezeichnungskasten.

M.3 Für $n \in \mathbb{N}$ seien Funktionen durch folgende Vorschriften gegeben

(1) x^n

(2) $\frac{1}{x}$

(3) e^x

(4) $\ln(|x|)$

sowie

(a) $\ln(|x|)$

(b) e^x

(c) $\frac{1}{n+1}\, x^{n+1}$

Welche Paare bestehen aus Funktion – Stammfunktion?

Ⓐ 1-a, 2-c, 3-b

Ⓑ 1-b, 2-c, 4-a

Ⓒ 1-c, 2-b, 4-a

Ⓓ 1-c, 2-a, 3-b

Ⓔ 2-c, 3-a, 4-b

M.4 Gegeben seien folgende Integrale

(1) $\int_0^1 x\, dx$

(2) $\int_{-1}^0 x\, dx$

(3) $\int_{-1}^1 x^2\, dx$

(4) $\int_{-1}^1 x^3\, dx$

In welchen Fällen entspricht der Wert des Integrals dem Flächeninhalt der vom Funktionsgrafen und der x-Achse über dem Integrationsbereich eingeschlossenen Fläche?

Ⓐ In allen Fällen.

Ⓑ Nur in (3).

Ⓒ In (1) und (2).

Ⓓ In (1) und (3).

Ⓔ In (1), (2) und (4).

Lösungen

M.3 D, denn die richtigen Paare sind 1-c, 2-a, 3-b, s. KCO, S. 167.

M.4 D, denn das Integral in (2) ist negativ, das Integral in (4) ist Null, obwohl der Flächeninhalt $\frac{1}{2}$ ist. Somit entsprechen die Integrale (1) und (3) dem jeweiligen Flächeninhalt.

M.5 Gegeben seien ein offenes Intervall $I \subseteq \mathbb{R}$, $a, b \in I$, $\lambda \in \mathbb{R}$ sowie differenzierbare Funktionen $f, g : I \to \mathbb{R}$. Welche der folgenden Regeln ist falsch?

Ⓐ $\int_a^b \frac{f'(x)}{f(x)}\,dx = \left[\ln(f(x))\right]_a^b$, falls $f(x) > 0$ für $x \in [a, b]$.

Ⓑ $\int_a^b (f(x) + g(x))\,dx = \int_a^b f(x)\,dx + \int_a^b g(x)\,dx$

Ⓒ $\int_a^b \lambda \cdot f(x)\,dx = \lambda \cdot \int_a^b f(x)\,dx$

Ⓓ $\int_a^b f(x) \cdot g'(x)\,dx = [f(x) \cdot g(x)]_a^b - \int_a^b f'(x) \cdot g(x)\,dx$

Ⓔ $\int_a^b f(x)\,dx = \int_b^a f(x)\,dx$

M.6 Seien $I, J \subseteq \mathbb{R}$ Intervalle, $f : I \to \mathbb{R}$ stetig, $\varphi : J \to I$ differenzierbar. Welche der folgenden Regeln ist die richtig ausgeführte Substitutionsregel?

Ⓐ $\int_a^b f(\varphi(t))\,dt = \int_a^b f(x)\,dx$

Ⓑ $\int_a^b f(\varphi(t))\,dt = \int_{\varphi(a)}^{\varphi(b)} f(x)\,dx$

Ⓒ $\int_{\varphi(a)}^{\varphi(b)} f(\varphi(t))\,dt = \int_a^b f(x)\,dx$

Ⓓ $\int_a^b f(\varphi(t))\,dt = \int_{\varphi(a)}^{\varphi(b)} f(x) \cdot \varphi'(x)\,dx$

Ⓔ $\int_a^b f(\varphi(t)) \cdot \varphi'(t)\,dt = \int_{\varphi(a)}^{\varphi(b)} f(x)\,dx$

Klausuraufgaben

K

Aufgabe 5.1 Sei $f(x) = x^3 - 7x + 6$ für $x \in \mathbb{R}$. 103▶L

(a) Bestimmen Sie die Nullstellen von f.

(b) Berechnen Sie das bestimmte Integral $\int_1^2 f(x)\,dx$.

(c) Ermitteln Sie den Inhalt der Fläche, die zwischen -2 und 4 vom Grafen der Funktion f und der x-Achse eingeschlossen wird. Erläutern Sie Ihre Vorgehensweise!

Lösungen

M.5 E, denn das Vertauschen der Integrationsgrenze bewirkt einen Vorzeichenwechsel beim Integral (s. KCO, S. 165, Merkkasten).

M.6 E, s. KCO, S. 171, Merkkasten.

104▶L **Aufgabe 5.2**

(a) Sei $f(x) = x^2 - 1$ für $x \in \mathbb{R}$.

(i) Begründen Sie, ob das Integral von f über $[-1, 1]$ positiv oder negativ ist.

(ii) Berechnen Sie $\int_{-1}^{1} f(x)\, dx$.

(b) Berechnen Sie $\int_{1}^{e} 3x^2 \ln(x)\, dx$.

(Hinweis: partielle Integration.)

104▶L **Aufgabe 5.3** Berechnen Sie die folgenden bestimmten Integrale:

(a) $\int_{1}^{3} \frac{1}{x^2}\, dx$

(b) $\int_{0}^{1} (3x^2 + 1)\, e^{2(x^3+x)}\, dx$

104▶L **Aufgabe 5.4** Berechnen Sie die folgenden bestimmten Integrale:

(a) $\int_{0}^{1} (x^3 - x^2 + \sqrt{x} - 1)\, dx$

(b) $\int_{1}^{e} 2x \ln(x)\, dx$

(c) $\int_{0}^{\frac{1}{2}} \frac{-3x^2}{1 - x^3}\, dx$

105▶L **Aufgabe 5.5** Berechnen Sie die folgenden bestimmten Integrale:

(a) $\int_{-1}^{1} \left(x^3 + 2x^2 + 3x + \frac{1}{3}\right) dx$

(b) $\int_{1}^{e} \frac{2x + 1}{x^2 + x}\, dx$

(c) $\int_{0}^{1} x^2\, e^x\, dx$

105▶L **Aufgabe 5.6** Bestimmen Sie jeweils eine Stammfunktion zu den folgenden Funktionen:

(a) $f(x) = \dfrac{x^3 + x}{2x^4 + 4x^2 + 5} - (x - 2)\, e^{(x^2 - 4x + 1)}\ , \ x \in \mathbb{R}$

(b) $g(x) = \dfrac{\ln(x)}{x}\ , \ x \in (0, \infty)$

Aufgabe 5.7

106►L

(a) Berechnen Sie das bestimmte Integral $\int_2^{2e} x^3 \ln\left(\frac{x}{2}\right)dx$.

(b) Die Funktionen $f, g : \mathbb{R} \longrightarrow \mathbb{R}$ seien definiert durch

$$f(x) = 6 - (x-2)^2, \quad g(x) = 2 + x, \qquad x \in \mathbb{R}$$

Berechnen Sie den Inhalt der von den Kurven $y = f(x)$ und $y = g(x)$ eingeschlossenen Fläche.

Lösungen

Lösung 5.1

101►A

(a) Offensichtlich ist $x = 1$ eine Nullstelle von f. Durch Polynomdivision erhält man

$$\begin{array}{l}
(\ x^3 \qquad\quad - 7x + 6) : (x - 1) = x^2 + x - 6 \\
\underline{-x^3 + x^2} \\
\qquad\ x^2 - 7x \\
\qquad \underline{-x^2 + x} \\
\qquad\qquad -6x + 6 \\
\qquad\qquad \underline{\ \ 6x - 6} \\
\qquad\qquad\qquad 0
\end{array}$$

Quadratische Ergänzung für die quadratische Gleichung $x^2 + x - 6 = 0$ liefert

$$x^2 + x - 6 = 0 \iff (x + \tfrac{1}{2})^2 = 6 + \tfrac{1}{4}\ (= \tfrac{25}{4}) \iff x = \tfrac{5}{2} - \tfrac{1}{2} = 2 \lor x = -\tfrac{5}{2} - \tfrac{1}{2} = -3$$

sodass $x = 2$ und $x = -3$ die weiteren Nullstellen sind.

(b) Die Berechnung des bestimmten Integrals ergibt

$$\int_1^2 (x^3 - 7x + 6)\,dx = \left[\tfrac{1}{4}x^4 - \tfrac{7}{2}x^2 + 6x\right]_1^2 = (\tfrac{16}{4} - \tfrac{28}{2} + 12) - (\tfrac{1}{4} - \tfrac{7}{2} + 6) = -\tfrac{3}{4}$$

(c) Aus Aufgabenteil (a) resultiert, dass f im Intervall $[-2, 4]$ die Nullstellen $x = 1$ und $x = 2$ hat. Wegen $f(-2) = 12 > 0$, $f(\frac{3}{2}) = -\frac{9}{8} < 0$ und $f(3) = 12 > 0$ hat die stetige Funktion f zwei Vorzeichenwechsel im Intervall $[-2, 4]$. Der gesuchte Flächeninhalt errechnet sich als Summe der Flächeninhalte über den Intervallen $[-2, 1]$, $[1, 2]$ und $[2, 4]$. Diese Flächeninhalte berechnen sich als Beträge der zugehörigen Integrale.

Somit erhält man den Flächeninhalt A wie folgt

$$\begin{aligned}
A &= \left|\int_{-2}^{1} f(x)\,dx\right| + \left|\int_{1}^{2} f(x)\,dx\right| + \left|\int_{2}^{4} f(x)\,dx\right| \\
&\overset{(b)}{=} \left|\left[\tfrac{1}{4}x^4 - \tfrac{7}{2}x^2 + 6x\right]_{-2}^{1}\right| + \left|-\tfrac{3}{4}\right| + \left|\left[\tfrac{1}{4}x^4 - \tfrac{7}{2}x^2 + 6x\right]_{2}^{4}\right| \\
&= \left|\left(\tfrac{1}{4} - \tfrac{7}{2} + 6\right) - \left(\tfrac{16}{4} - \tfrac{28}{2} - 12\right)\right| + \tfrac{3}{4} + \left|\left(\tfrac{4^4}{4} - \tfrac{7\cdot 16}{2} + 24\right) - \left(\tfrac{16}{4} - \tfrac{28}{2} + 12\right)\right| \\
&= \left|\tfrac{11}{4} - (-22)\right| + \tfrac{3}{4} + |32 - 2| = 24 + \tfrac{3}{4} + \tfrac{3}{4} + 30 = 55 + \tfrac{1}{2} = 55{,}5
\end{aligned}$$

102►A

Lösung 5.2

(a) (i) Für $x \in (-1,1)$ ist $f(x) < 0$. Die von x-Achse und Graf über dem Intervall $[-1,1]$ eingeschlossene Fläche liegt also unterhalb der Achse, sodass das Integral negativ ist.

(ii) Berechnung des Integrals:

$$\int_{-1}^{1} f(x)\,dx = \left[\tfrac{1}{3}x^3 - x\right]_{-1}^{1} = \left(\tfrac{1}{3} - 1\right) - \left(-\tfrac{1}{3} + 1\right) = -\tfrac{4}{3}$$

(b) Berechnung mit Hilfe partieller Integration:

$$\begin{aligned}
\int_{1}^{e} 3x^2 \ln(x)\,dx &= \left[x^3 \ln(x)\right]_{1}^{e} - \int_{1}^{e} x^3 \frac{1}{x}\,dx \\
&= \left[x^3 \ln(x) - \tfrac{1}{3}x^3\right]_{1}^{e} = \left(e^3 \ln(e) - \tfrac{1}{3}e^3\right) - \left(1 \cdot \ln(1) - \tfrac{1}{3} \cdot 1\right) \\
&= e^3\left(1 - \tfrac{1}{3}\right) + \tfrac{1}{3} = \tfrac{2}{3}e^3 + \tfrac{1}{3}
\end{aligned}$$

102►A

Lösung 5.3

(a) Da der Integrand gleich x^{-2} ist, erhält man

$$\int_{1}^{3} \frac{1}{x^2}\,dx = \int_{1}^{3} x^{-2}\,dx = \left[-\tfrac{1}{x}\right]_{1}^{3} = -\tfrac{1}{3} + \tfrac{1}{1} = \tfrac{2}{3}$$

(b) Mit $g(y) = e^{2y}$ und $f(x) = x^3 + x$, $f'(x) = 3x^2 + 1$ erhält man durch Substitution

$$\int_{0}^{1} (3x^2 + 1)\, e^{2(x^3+x)}\,dx = \int_{0}^{2} e^{2y}\,dy = \left[\tfrac{1}{2}e^{2y}\right]_{0}^{2} = \tfrac{1}{2}e^4 - \tfrac{1}{2}$$

102►A

Lösung 5.4

(a) Wegen $\left(\frac{1}{k+1}x^{k+1}\right)' = x^k$ $(k \neq -1)$ und $\sqrt{x} = x^{\frac{1}{2}}$ resultiert die Lösung

$$\int_{0}^{1} (x^3 - x^2 + \sqrt{x} - 1)\,dx = \left[\tfrac{1}{4}x^4 - \tfrac{1}{3}x^3 + \tfrac{2}{3}\sqrt{x^3} - x\right]_{0}^{1} = \left(\tfrac{1}{4} - \tfrac{1}{3} + \tfrac{2}{3} - 1\right) - 0 = -\tfrac{5}{12}$$

(b) Mit partieller Integration gemäß $u'(x) = 2x$, $v(x) = \ln(x)$, $u(x) = x^2$, $v'(x) = \frac{1}{x}$ erhält man

$$\begin{aligned}\int_1^e 2x \ln(x)\,dx &= \left[x^2 \ln(x)\right]_1^e - \int_1^e x^2 \cdot \frac{1}{x}\,dx \\ &= \left[x^2 \ln(x) - \tfrac{1}{2}x^2\right]_1^e \\ &= (e^2 - \tfrac{e^2}{2}) - (0 - \tfrac{1}{2}) = \tfrac{1}{2}e^2 + \tfrac{1}{2}\end{aligned}$$

(c) Unter Verwendung von $g(y) = \frac{1}{y}$ und $f(x) = 1 - x^3$, $f'(x) = -3x^2$ erhält man durch Substitution

$$\int_0^{\frac{1}{2}} \frac{-3x^2}{1-x^3}\,dx = \int_1^{\frac{7}{8}} \frac{1}{y}\,dy = [\ln(y)]_1^{\frac{7}{8}} = \ln(\tfrac{7}{8}) - 0 = \ln(\tfrac{7}{8})$$

Lösung 5.5 102▶A

(a) Mit der Regel $\left(\frac{1}{k+1}x^{k+1}\right)' = x^k$ $(k \neq -1)$ resultiert die Lösung

$$\begin{aligned}\int_{-1}^1 \left(x^3 + 2x^2 + 3x + \tfrac{1}{3}\right)\,dx &= \left[\tfrac{1}{4}x^4 + \tfrac{2}{3}x^3 + \tfrac{3}{2}x^2 + \tfrac{1}{3}x\right]_{-1}^1 \\ &= \left(\tfrac{1}{4} + \tfrac{2}{3} + \tfrac{3}{2} + \tfrac{1}{3}\right) - \left(\tfrac{1}{4} - \tfrac{2}{3} + \tfrac{3}{2} - \tfrac{1}{3}\right) = 2\end{aligned}$$

(b) Mit der Substitution $g(y) = \frac{1}{y}$ und $f(x) = x^2 + x$, $f'(x) = 2x + 1$ folgt

$$\begin{aligned}\int_1^e \frac{2x+1}{x^2+x}\,dx = \int_{f(1)}^{f(e)} \frac{1}{y}\,dy = \int_2^{e^2+e} \frac{1}{y}\,dy = \ln(e^2+e) - \ln(2) \\ = \ln(e) + \ln(e+1) - \ln(2) = 1 + \ln(e+1) - \ln(2)\end{aligned}$$

(c) Durch zweimaliges partielles Integrieren erhält man

$$\begin{aligned}\int_0^1 x^2 e^x\,dx &= \left[x^2 e^x\right]_0^1 - \int_0^1 2x\,e^x\,dx \\ &= \left[x^2 e^x\right]_0^1 - [2x\,e^x]_0^1 + \int_0^1 2\,e^x\,dx \\ &= \left[(x^2 - 2x + 2)\,e^x\right]_0^1 = e - 2\end{aligned}$$

Lösung 5.6 102▶A

(a) Zunächst lässt sich das Integral über f gemäß der Summenregel in zwei Integrale aufspalten

$$\int f(x)\,dx = \int \frac{x^3+x}{2x^4+4x^2+5}\,dx - \int (x-2)\,e^{(x^2-4x+1)}\,dx$$

Mit $h(x) = 2x^4 + 4x^2 + 5 > 0$ und $h'(x) = 8x^3 + 8x = 8(x^3 + x)$ erhält man für das erste Integral (s. KCO, S. 168)

$$\begin{aligned}\int \frac{x^3+x}{2x^4+4x^2+5}\,dx = \frac{1}{8}\int \frac{8(x^3+x)}{2x^4+4x^2+5}\,dx = \frac{1}{8}\int \frac{h'(x)}{h(x)}\,dx \\ = \frac{1}{8}\ln\big(h(x)\big) = \frac{1}{8}\ln\big(2x^4+4x^2+5\big), \quad x \in \mathbb{R}\end{aligned}$$

Mit $p(x) = e^x = p'(x)$, $q(x) = x^2 - 4x + 1$, $q'(x) = 2x - 4 = 2(x-2)$ liefert die Anwendung der Substitutionsregel für das zweite Integral

$$\int (x-2)\,e^{(x^2-4x+1)}\,dx = \frac{1}{2}\int e^{(x^2-4x+1)}\,(2x-4)\,dx = \frac{1}{2}\int p'\big(q(x)\big)\,q'(x)\,dx$$

$$= \frac{1}{2}\,p\big(q(x)\big) = \frac{1}{2}\,e^{(x^2-4x+1)}, \quad x \in \mathbb{R}$$

Insgesamt erhält man somit

$$\int f(x)\,dx = \frac{1}{8}\,\ln\big(2x^4 + 4x^2 + 5\big) - \frac{1}{2}\,e^{(x^2-4x+1)}\ , \ x \in \mathbb{R}$$

(b) *Lösung mittels Substitution*

Mit $p(x) = \frac{1}{2}x^2$, $p'(x) = x$, $q(x) = \ln(x)$, $q'(x) = \frac{1}{x}$, $x > 0$, erhält man unter Anwendung der Substitutionsregel

$$\int g(x)\,dx = \int \ln(x)\,\frac{1}{x}\,dx = \int p'\big(q(x)\big)q'(x)\,dx = p\big(q(x)\big) = \frac{1}{2}\,\big(\ln(x)\big)^2\ , \ x \in (0,\infty)$$

Lösung mittels partieller Integration

Partielle Integration mit $u(x) = v(x) = \ln(x)$, $u'(x) = v'(x) = \frac{1}{x}$, $x > 0$, ergibt

$$\int g(x)\,dx = \int \frac{1}{x}\,\ln(x)\,dx = \int u'(x)\,v(x)\,dx = u(x)\,v(x) - \int u(x)\,v'(x)\,dx$$

$$= \big(\ln(x)\big)^2 - \int \ln(x)\,\frac{1}{x}\,dx = \big(\ln(x)\big)^2 - \int g(x)\,dx\ , \ x \in (0,\infty)$$

Hieraus erhält man

$$2\int g(x)\,dx = \big(\ln(x)\big)^2\ , \ x \in (0,\infty) \implies \int g(x)\,dx = \frac{1}{2}\,\big(\ln(x)\big)^2\ , \ x \in (0,\infty)$$

103▶A

Lösung 5.7

(a) Partielle Integration mit $u(x) = \frac{1}{4}x^4$, $u'(x) = x^3$, $v(x) = \ln\left(\frac{x}{2}\right)$, $v'(x) = \frac{1}{x/2}\cdot\frac{1}{2} = \frac{1}{x}$, $x > 0$, ergibt

$$\int_2^{2e} x^3 \ln\left(\frac{x}{2}\right)dx = \int_2^{2e} u'(x)\,v(x)\,dx = \big[u(x)\,v(x)\big]_2^{2e} - \int_2^{2e} u(x)\,v'(x)\,dx$$

$$= \left[\frac{1}{4}\,x^4\,\ln\left(\frac{x}{2}\right)\right]_2^{2e} - \int_2^{2e} \frac{1}{4}\,x^4 \cdot \frac{1}{x}\,dx$$

$$= \frac{1}{4}\cdot 16\,e^4 \cdot \underbrace{\ln(e)}_{=1} - \frac{1}{4}\cdot 16 \cdot \underbrace{\ln(1)}_{=0} - \frac{1}{4}\int_2^{2e} x^3\,dx$$

$$= 4\,e^4 - \frac{1}{4}\left[\frac{1}{4}\,x^4\right]_2^{2e} = 4\,e^4 - \frac{1}{16}\cdot 16\,e^4 + \frac{1}{16}\cdot 16 = 3\,e^4 + 1$$

(b) Der Flächeninhalt der in der folgenden Grafik markierten Fläche soll berechnet werden.

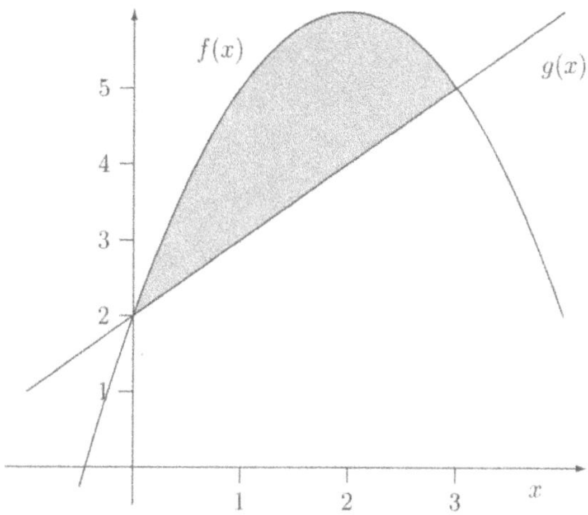

Zunächst gilt für $x \in \mathbb{R}$

$$f(x) - g(x) = 6 - (x-2)^2 - (2+x) = 6 - x^2 + 4x - 4 - 2 - x = -x^2 + 3x = x(3-x)$$

Hieraus erhält man

$$\begin{aligned} f(x) > g(x) \quad &\Longleftrightarrow \quad f(x) - g(x) = x(3-x) > 0 \quad \Longleftrightarrow \quad 0 < x < 3 \\ f(x) = g(x) \quad &\Longleftrightarrow \quad f(x) - g(x) = x(3-x) = 0 \quad \Longleftrightarrow \quad x \in \{0,3\} \end{aligned}$$

Somit sind $x_1 = 0$ und $x_2 = 3$ die einzigen Schnittpunkte der beiden Grafen zu f und g, und im Intervall $(x_1, x_2) = (0,3)$ verläuft der Graf von f oberhalb des Grafen von g.

Es gilt daher, falls A den gesuchten Flächeninhalt bezeichnet:

$$A = \int_0^3 (f(x) - g(x))dx = \int_0^3 (-x^2 + 3x)dx = \left[-\frac{1}{3}x^3 + \frac{3}{2}x^2\right]_0^3 = -\frac{1}{3} \cdot 27 + \frac{3}{2} \cdot 9 = \frac{9}{2} = 4{,}5$$

6 Funktionen mehrerer Variablen

Checkliste

Thema	KCO	☹	😐	☺
Einführung in die Begriffe	181	☐	☐	☐
Folge im $\mathbb{R}^n$, Konvergenz	183	☐	☐	☐
Funktion von n Variablen, Stetigkeit	185	☐	☐	☐
Differentiation	185	☐	☐	☐
Partielle Ableitung	187	☐	☐	☐
Richtungsableitung	189	☐	☐	☐
Optimierung in zwei Variablen	190	☐	☐	☐
Lokale Extremalstelle	190	☐	☐	☐
Notwendige und hinreichende Bedingung für lokale Extrema	190	☐	☐	☐
Optimierung mit Nebenbedingungen	199	☐	☐	☐
Variablensubstitution	200	☐	☐	☐
Lagrangemethode	204	☐	☐	☐

Fragen zum Verständnis

F.1 Was ist ein kartesisches Produkt?

F.2 Wie ist $|z|$ für $z \in \mathbb{R}^n$ definiert?

F.3 Wie werden die Begriffe beschränkte bzw. endlich konvergente Folge sowie der Begriff des Intervalls von $\mathbb{R}$ auf $\mathbb{R}^n$ verallgemeinert?

F.4 Seien $(a, b) \subseteq \mathbb{R}^n$ ein nichtleeres, offenes Intervall und $f : [a, b] \to \mathbb{R}$ eine Funktion. Wie ist die partielle Ableitung von f in Richtung der i-ten Komponente an der Stelle $y \in (a, b)$ definiert? Vergleichen Sie die Definition mit derjenigen für Funktionen $g : I \to \mathbb{R}$ mit $I \subseteq \mathbb{R}$.

F.5 Was bedeutet „f ist zweimal partiell stetig differenzierbar", und welche Eigenschaft ergibt sich daraus für die partiellen Ableitungen der Ordnung zwei?

F.6 Was ist der Gradient von f an einer Stelle x_0?

F.7 Seien (a, b) und f wie in F.4 sowie $z \in \mathbb{R}^n$ mit $|z| = 1$. Was ist die Richtungsableitung von f in $y_0 \in (a, b)$ in Richtung von z?

F.8 Seien $D \subseteq \mathbb{R}^n$ und $f : D \to \mathbb{R}$ eine Funktion. Wann heißt $x_0 \in D$ lokale Maximalstelle von f? Geben Sie eine notwendige Bedingung an (falls f partiell stetig differenzierbar ist).

F.9 Welche hinreichende Bedingung für lokale Extrema von Funktionen $g : \mathbb{R}^2 \to \mathbb{R}$ kennen Sie?

F.10 Was bedeutet Optimierung einer Funktion unter Nebenbedingungen? Geben Sie ein Beispiel an.

F.11 Erläutern Sie die Methode der Variablensubstitution zur Bestimmung von Extremwerten unter Nebenbedingungen. Wie gehen Sie vor, wenn die Nebenbedingungen nicht auflösbar sind?

F.12 Was ist die Lagrangefunktion?

Lösungen

F.1 KCO, S. 20f., Bezeichnungskästen.
F.2 KCO, S. 183, Bezeichnungskasten.
F.3 KCO, S. 183f., Bezeichnungskasten.
F.4 KCO, S. 187, Bezeichnungskasten; zum Vergleich S. 115, Merkkasten.
F.5 KCO, S. 187, Bezeichnungskasten und S. 189, Merkkasten.
F.6 KCO, S. 187, Bezeichnungskasten.
F.7 KCO, S. 189, Merkkasten.
F.8 KCO, S. 190, Bezeichnungskasten & Merkkasten.
F.9 KCO, S. 192, Merkkasten.
F.10 KCO, S. 200ff., (OP) und Beispiele.
F.11 KCO, S. 200 bzw. S. 204 (Lagrangemethode).
F.12 KCO, S. 204.

F.13 Was ist ein stationärer Punkt? Welcher Zusammenhang besteht zwischen den stationären Punkten der Lagrangefunktion und der Lösung des zugehörigen Optimierungsproblems mit Nebenbedingungen?

F.14 Gibt die Lagrangemethode Auskunft darüber, ob es Minimalstellen oder Maximalstellen gibt?

Multiple Choice Fragen

M

M.1 Seien $(a,b) \subseteq \mathbb{R}^n$ ein nichtleeres, offenes Intervall, $f : [a,b] \to \mathbb{R}$ eine in $y_0 \in (a,b)$ partiell differenzierbare Funktion und $z \in \mathbb{R}^n$ mit $|z| = 1$ sowie e_i für $i \in \{1,...,n\}$ der i-te Einheitsvektor.

(1) i-te partielle Ableitung von f in y_0

(2) Richtungsableitung von f in y_0 in Richung von z

(3) Gradient von f in y_0

(a) $\lim\limits_{h\to 0} \frac{f(y_0 + hz) - f(y_0)}{h}$

(b) $\left(\frac{\partial}{\partial x_1} f(y_0), ..., \frac{\partial}{\partial x_n} f(y_0)\right)$

(c) $\lim\limits_{h\to 0} \frac{f(y_0 + he_i) - f(y_0)}{h}$

Welche der folgenden Aussagen besteht nur aus falschen Paaren?

Ⓐ 1-a, 2-b

Ⓑ 1-b, 2-a

Ⓒ 1-c, 3-a

Ⓓ 2-c, 3-b

Ⓔ 2-a, 3-c

Lösungen

F.13 KCO, S. 190 und S. 205, Merkkästen.

F.14 KCO, S. 204.

M.1 A, denn die richtigen Paare sind 1-c, 2-a, 3-b (s. KCO, S. 187 & 189, Bezeichnungs- bzw. Merkkasten).

M.2 Seien $(a, b) \subseteq \mathbb{R}^2$ ein nichtleeres, offenes Intervall und $f : [a, b] \to \mathbb{R}$, $(x_1, x_2) \mapsto f(x_1, x_2)$, eine zweimal partiell stetig differenzierbare Funktion. Welche der folgenden Aussagen ist falsch?

Ⓐ Der Punkt $\tilde{x} \in (a, b)$ heißt lokale Minimalstelle von $f \iff$ Es existiert ein offenes Intervall $I \subseteq (a, b)$ mit $\tilde{x} \in I$, sodass für alle $x \in I$ gilt: $f(x) \geq f(\tilde{x})$.

Ⓑ Der Punkt $\tilde{x} \in (a, b)$ heißt stationärer Punkt von $f \iff \mathbf{grad}\, f(\tilde{x}) = 0$.

Ⓒ Ist $\tilde{x} \in (a, b)$ eine lokale Extremalstelle von f, so folgt $\mathbf{grad}\, f(\tilde{x}) = 0$.

Ⓓ Gilt für $\tilde{x} \in (a, b)$ die Beziehung $\mathbf{grad}\, f(\tilde{x}) = 0$, so ist $\tilde{x}$ eine lokale Extremalstelle von f.

Ⓔ Der Punkt $\tilde{x} \in (a, b)$ ist eine lokale Extremalstelle von f, falls $\mathbf{grad}\, f(\tilde{x}) = 0$ und $f_{x_1x_1}(\tilde{x})f_{x_2x_2}(\tilde{x}) - (f_{x_1x_2}(\tilde{x}))^2 > 0$.

M.3 Gegeben seien

(1) $f(x_1, ..., x_n)$

(2) $g_1(x_1, ..., x_n) = 0, \; ..., \; g_m(x_1, ..., x_n) = 0$

(3) $L(x_1, ..., x_n; \lambda_1, ..., \lambda_m)$

(4) $\lambda_1, ..., \lambda_m$

(a) Nebenbedingungen

(b) Lagrangemultiplikatoren

(c) zu maximierende Funktion

(d) Lagrangefunktion

Welche Antwort besteht ausschließlich aus falschen Paaren?

Ⓐ 1-b, 2-a, 3-d, 4-c

Ⓑ 1-d, 2-b, 3-c, 4-a

Ⓒ 1-a, 2-d, 3-c, 4-b

Ⓓ 1-b, 2-c, 3-d, 4-a

Ⓔ 1-c, 2-a, 3-b, 4-d

M.4 Gegeben sei das Optimierungsproblem

$$\max_{x_1, ..., x_n} f(x_1, ..., x_n)$$

unter den Nebenbedingungen

$$g_1(x_1, ..., x_n) = 0, \; ..., \; g_m(x_1, ..., x_n) = 0$$

Wie ist die zugehörige Lagrangefunktion L definiert?

Lösungen

M.2 D, s. KCO, S. 190, Merkkasten.

M.3 B, denn die richtigen Paare sind 1-c, 2-a, 3-d, 4-b (s. KCO, S. 204).

Ⓐ $L(x_1,...,x_n;\lambda) = \lambda \cdot f(x_1,...,x_n)$

Ⓑ $L(x_1,...,x_n;\lambda) = f(x_1,...,x_n) + \lambda \sum_{i=1}^{m} g_i(x_1,...,x_n)$

Ⓒ $L(x_1,...,x_n;\lambda_1,...,\lambda_n) = f(\lambda_1 x_1,...,\lambda_n x_n)$

Ⓓ $L(x_1,...,x_n;\lambda_1,...,\lambda_n) = f(x_1,...,x_n) + \sum_{i=1}^{m} g_i(\lambda_1 x_1,...,\lambda_n x_n)$

Ⓔ $L(x_1,...,x_n;\lambda_1,...,\lambda_m) = f(x_1,...,x_n) + \sum_{i=1}^{m} \lambda_i g_i(x_1,...,x_n)$

M.5 Gegeben seien die Funktion $f(x,y) = e^x + x \cdot y^2 + \sqrt{y}$, $x \in \mathbb{R}$, $y \geq 0$ und die Nebenbedingung $y^2 - x = 4$. Welche Substitution ist korrekt ausgeführt?

Ⓐ $f(x(y),y) = e^{y^2+4} + (y^2+4)y^2 + \sqrt{y}$

Ⓑ $f(x(y),y) = e^{y^2} + y^4 + \sqrt{y}$

Ⓒ $f(x(y),y) = e^{y^2-4} + (y^2-4)y^2 + \sqrt{y}$

Ⓓ $f(x,y(x)) = e^x + x(x+4) + \sqrt{x} + 4$

Ⓔ $f(x,y(x)) = e^x + x(x+4) + \sqrt{x+4}$

M.6 Welche der folgenden Nebenbedingungen ist eindeutig nach x auflösbar?

Ⓐ $x^2 + y^2 = 1$

Ⓑ $\ln(x^2) + y = 0$

Ⓒ $x^3 - y^4 = 0$

Ⓓ $e^{-x^4} + |y| = 1$

Ⓔ $x^3 - 4x + y^2 - 4y = 5$

M.7 Welchen Wert hat die partielle Ableitung von $f(x,y,z) = x^2 + y^2 + z^2$ in Richtung des Vektors $v = \frac{1}{\sqrt{2}}(1,0,-1)'$ im Punkt (x,y,z)?

Ⓐ $2(x+y-z)$

Ⓑ $\sqrt{2}(x-z)$

Ⓒ $\frac{1}{\sqrt{2}}(x-z)$

Ⓓ $\sqrt{2}(x-y+z)$

Ⓔ $\frac{1}{\sqrt{2}}(x-y+z)$

Lösungen

M.4 E, s. KCO, S. 204.
M.5 C, da die Nebenbedingung äquivalent ist zu $x = y^2 - 4$.
M.6 C.
M.7 B, denn die Richtungsableitung in Richtung von v berechnet sich gemäß

$$2x \cdot \frac{1}{\sqrt{2}} + 2y \cdot 0 + 2z \cdot \frac{-1}{\sqrt{2}} = \sqrt{2} \cdot x - \sqrt{2} \cdot z = \sqrt{2} \cdot (x-z)$$

Klausuraufgaben

115▶L **Aufgabe 6.1** Die Funktion $f : \mathbb{R}^2 \longrightarrow \mathbb{R}$ sei definiert durch

$$f(x,y) = x^2 - 2(x-y)^2 - \tfrac{2}{3}y^3 - 4xy + 6x + 5\ ,\ (x,y) \in \mathbb{R}^2$$

(a) Bestimmen Sie die stationären Punkte von f, und untersuchen Sie, ob diese Punkte relative Extremalstellen von f sind. Berechnen Sie gegebenenfalls die zugehörigen Funktionswerte.

(b) Bestimmen Sie die Richtungsableitung von f in $(0,-3)$ in Richtung des Vektors $z = (\frac{4}{5}, \frac{3}{5})'$.

116▶L **Aufgabe 6.2** Ein Unternehmen fertigt ein Produkt unter Verwendung von zwei Rohstoffen X und Y. Die Produktionskosten setzen sich in Abhängigkeit von den Rohstoffpreisen wie folgt zusammen

$$f(x,y) = x^2 - 8x - 2xy + \tfrac{1}{3}(y^3 - 1) + 64\,,\ x > 0,\ y > 0$$

wobei x der Preis einer Mengeneinheit (ME) von X und y der Preis einer ME von Y ist.

(a) Untersuchen Sie, ob es Rohstoffpreise $x^* > 0$ und $y^* > 0$ gibt, sodass die Produktionskostenfunktion f dort ein lokales Minimum aufweist. Falls ja, geben Sie die minimalen Kosten an.

(b) Die Rohstoffpreise hängen über folgende Gleichung voneinander ab

$$2x = y + 12$$

Ermitteln Sie mit dem Lagrangeverfahren mögliche Extremalpunkte der Kostenfunktion (d.h. bestimmen Sie die stationären Punkte von f unter der Nebenbedingung).

118▶L **Aufgabe 6.3** Für $(x,y) \in \mathbb{R}^2$ wird die Funktion $f : \mathbb{R}^2 \longrightarrow \mathbb{R}$ definiert durch

$$f(x,y) = e^{x+y} + e^{-x} - y$$

(a) Berechnen Sie im Punkt $(x_0, y_0) = (\ln(2), \ln(3))$ den Gradienten von f sowie die Richtungsableitung in Richtung des Vektors $v = \frac{1}{\sqrt{2}}(1,-1)'$.

(b) Ermitteln Sie alle relativen Extrema von f.

(c) Berechnen Sie die lokalen Extrema der Funktion f unter der Nebenbedingung $x + y = 2$. (Hinweis: Nutzen Sie die (auflösbare) Nebenbedingung direkt aus.)

119▶L **Aufgabe 6.4** Die Funktion $f : \mathbb{R}^2 \to \mathbb{R}$ sei gegeben durch

$$f(x,y) = x^2 + 2y^2 + 3x - xy, \qquad x, y \in \mathbb{R}$$

(a) Untersuchen Sie, ob die Funktion f auf $\mathbb{R}^2$ lokale Extremalstellen hat, und geben Sie diese gegebenenfalls an (mit Funktionswert!).

(b) Ermitteln Sie mit dem Lagrangeverfahren oder mit der Methode der Variablensubstitution alle stationären Punkte von f unter der Nebenbedingung $2x + y = 4$.

Aufgabe 6.5 Die Funktion $f : \mathbb{R}^2 \to \mathbb{R}$ sei gegeben durch 120▶L

$$f(x,y) = 5xy - x^2 - y^2, \qquad x, y \in \mathbb{R}$$

(a) Ermitteln Sie mit dem Lagrangeverfahren alle stationären Punkte von f unter der Nebenbedingung $x + y = 1$.

(b) Weisen Sie mit der Methode der Variablensubstitution nach, dass f unter der Nebenbedingung $x + y = 1$ genau eine lokale Maximalstelle hat. Geben Sie deren Koordinaten sowie den zugehörigen Funktionswert an.

Aufgabe 6.6 Die Funktion $f : \mathbb{R}^2 \to \mathbb{R}$ sei gegeben durch 122▶L

$$f(x,y) = -2x^2 - xy - 2y - 2x + 1, \qquad x, y \in \mathbb{R}$$

(a) Untersuchen Sie, ob die Funktion f lokale Extremalstellen besitzt (Begründung!), und geben Sie diese gegebenenfalls an.

(b) Ermitteln Sie durch Variablensubstitution alle lokalen Extremalstellen von f unter der Nebenbedingung $y = 1 - x^2$.

Aufgabe 6.7 Die Funktion $f : \mathbb{R}^2 \longrightarrow \mathbb{R}$ sei definiert durch 123▶L

$$f(x,y) = \mathrm{e}^{x-y^2} + 5\ , \ (x,y) \in \mathbb{R}^2$$

Berechnen Sie mit Hilfe der Lagrangemethode das Maximum der Funktion f unter der Nebenbedingung $(x - y)^2 = 1$.

Hinweis: Verwenden Sie (ohne Beweis), dass die Funktion f unter der gegebenen Nebenbedingung ein Maximum besitzt, welches in einem der mit der Lagrangemethode berechneten stationären Punkte angenommen wird.

Lösungen

Lösung 6.1 114▶A

(a) Die Funktion f lässt sich wie folgt vereinfachen

$$\begin{aligned} f(x,y) &= x^2 - 2x^2 - 2y^2 + 4xy - 4xy - \tfrac{2}{3}y^3 + 6x + 5 \\ &= -x^2 + 6x - \tfrac{2}{3}y^3 - 2y^2 + 5, \quad (x,y) \in \mathbb{R}^2 \end{aligned}$$

Hieraus ergeben sich die ersten partiellen Ableitungen

$$f_x(x,y) = -2x + 6 = -2(x-3),\ f_y(x,y) = -2y^2 - 4y = -2y(y+2),\ (x,y) \in \mathbb{R}^2$$

Es folgt

$$(f_x(x,y), f_y(x,y)) = (0,0) \iff (x-3, y(y+2)) = (0,0) \iff x = 3 \ \wedge \ y \in \{-2, 0\}$$

Somit sind $(x_1, y_1) = (3, -2)$ und $(x_2, y_2) = (3, 0)$ die einzigen stationären Punkte von f.

Erneutes Differenzieren liefert die zweiten partiellen Ableitungen

$$f_{xx}(x,y) = -2,\ f_{yy}(x,y) = -4y - 4 = -4(y+1),\ f_{xy}(x,y) = 0,\ (x,y) \in \mathbb{R}^2$$

Es folgt

$$f_{xx}(x_1,y_1) \cdot f_{yy}(x_1,y_1) - \big(f_{xy}(x_1,y_1)\big)^2 = (-2) \cdot (-4) \cdot (-2+1) = -8 < 0 \qquad \text{(I)}$$

$$f_{xx}(x_2,y_2) \cdot f_{yy}(x_2,y_2) - \big(f_{xy}(x_2,y_2)\big)^2 = (-2) \cdot (-4) \cdot (0+1) = 8 > 0 \qquad \text{(II)}$$

$$f_{xx}(x_2,y_2) = -2 < 0 \qquad \text{(III)}$$

Gemäß (I) liegt im stationären Punkt $(x_1, y_1) = (3, -2)$ keine Extremalstelle von f vor. Gemäß (II) und (III) besitzt die Funktion f im stationären Punkt $(x_2, y_2) = (3, 0)$ ein lokales Maximum mit zugehörigem Funktionswert $f(3,0) = -9 + 18 + 5 = 14$. (Vgl. jeweils KCO, S. 192.)

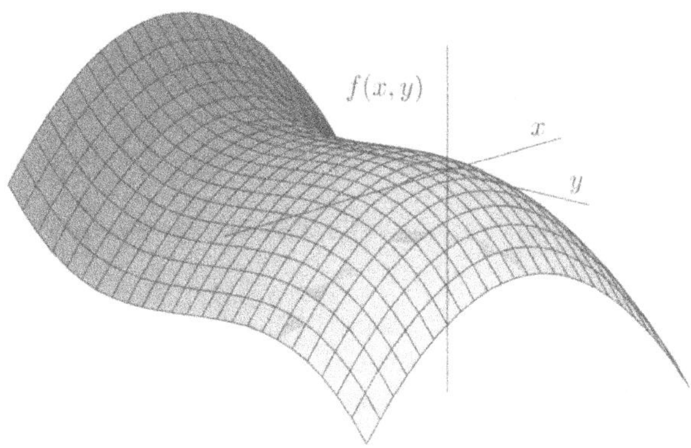

Abbildung 6.1: Graf der Funktion f $(x \in [-5, 10], y \in [-5, 3])$

(b) Für den Punkt $(x_3, y_3) = (0, -3)$ erhält man aus (a)

$$f_x(x_3,y_3) = (-2) \cdot (0-3) = 6\ , \quad f_y(x_3,y_3) = (-2) \cdot (-3) \cdot (-3+2) = -6$$

Die Richtungsableitung von f in $(0, -3)$ in Richtung des Vektors $z = (\frac{4}{5}, \frac{3}{5})'$ ist somit gegeben durch

$$f_x(x_3,y_3)z_1 + f_y(x_3,y_3)z_2 = 6 \cdot \tfrac{4}{5} + (-6) \cdot \tfrac{3}{5} = \tfrac{6}{5}$$

114▶A

Lösung 6.2

(a) Die Ableitungen erster Ordnung sind gegeben durch

$$f_x(x,y) = 2x - 8 - 2y, \quad f_y(x,y) = -2x + y^2, \qquad x > 0, y > 0$$

Eine Prüfung der notwendigen Bedingung liefert

$$\begin{aligned} f_x(x,y)=0 \ \wedge\ f_y(x,y)=0 &\iff 2x=8+2y \ \wedge\ 2x=y^2 \\ &\iff 2x=8+2y \ \wedge\ 8+2y=y^2 \end{aligned}$$

Weiterhin gilt nun

$$\begin{aligned} y^2-2y-8=0 &\iff (y-1)^2=8+1 \\ &\iff y=1+\sqrt{9} \ \vee\ y=1-\sqrt{9} \\ &\iff y=4 \ \vee\ y=-2 \end{aligned}$$

Da negative Rohstoffpreise ausgeschlossen sind, gilt

$$f_x(x,y)=0 \ \wedge\ f_y(x,y)=0 \iff y=4 \wedge x=8$$

Die hinreichende Bedingung muss daher lediglich für den Punkt $(8,4)$ überprüft werden. Dazu werden zunächst die Ableitungen zweiter Ordnung bestimmt:

$$f_{xx}(x,y)=2, \quad f_{yy}(x,y)=2y, \quad f_{xy}(x,y)=-2, \qquad x>0, y>0$$

Nun wird die hinreichende Bedingung für $(8,4)$ geprüft:

$$f_{xx}(8,4)\cdot f_{yy}(8,4)-(f_{xy}(8,4))^2=2\cdot 8-(-2)^2=12>0 \ \text{ und } \ f_{xx}(8,4)=2>0$$

d.h. $(8,4)$ ist ein lokales Minimum der Kostenfunktion. Die zugehörigen Kosten sind $f(8,4)=64-64-64+\frac{1}{3}\cdot(64-1)+64=21$.

(b) Die Lagrangefunktion zu diesem Problem lautet

$$L(x,y,\lambda)=f(x,y)-\lambda(2x-y-12)=x^2-8x-2xy+\tfrac{1}{3}(y^3-1)+64+\lambda(2x-y-12)$$

Zur Anwendung des Lagrangeverfahrens werden die partiellen Ableitungen erster Ordnung benötigt. Man erhält für $x>0, y>0, \lambda\in\mathbb{R}$

$$\begin{aligned} L_x(x,y,\lambda) &= 2x-8-2y+2\lambda \\ L_y(x,y,\lambda) &= -2x+y^2-\lambda \\ L_\lambda(x,y,\lambda) &= 2x-y-12 \end{aligned}$$

Nun wird folgendes Gleichungssystem betrachtet

$$2x-8-2y+2\lambda=0 \ \wedge\ -2x+y^2-\lambda=0 \ \wedge\ 2x-y-12=0$$

Setzt man die dritte Gleichung umgeformt zu

$$2x=y+12$$

in die erste ein, so erhält man $-y+4+2\lambda=0$, was äquivalent ist zu

$$\lambda=\tfrac{1}{2}y-2$$

Setzt man diese beiden Gleichungen in die zweite ein, ergibt sich

$$-y - 12 + y^2 - \tfrac{1}{2}y + 2 = 0$$

Diese Gleichung lässt sich durch quadratische Ergänzung lösen

$$\begin{aligned} y^2 - \tfrac{3}{2}y - 10 = 0 \quad &\Longleftrightarrow \quad (y - \tfrac{3}{4})^2 = 10 + \tfrac{9}{16} = \tfrac{169}{16} \\ &\Longleftrightarrow \quad y = \tfrac{3}{4} + \tfrac{13}{4} \ \vee \ y = \tfrac{3}{4} - \tfrac{13}{4} \\ &\Longleftrightarrow \quad y = 4 \vee y = -\tfrac{10}{4} \end{aligned}$$

Da $y > 0$ vorausgesetzt wird, kommt nur $y = 4$ in Frage. Dies impliziert $x = \frac{16}{2} = 8$.

Der einzige mögliche Extremalpunkt der Kostenfunktion unter der gegebenen Nebenbedingung sowie positiven Rohstoffpreisen ist daher der Punkt $(8, 4)$.

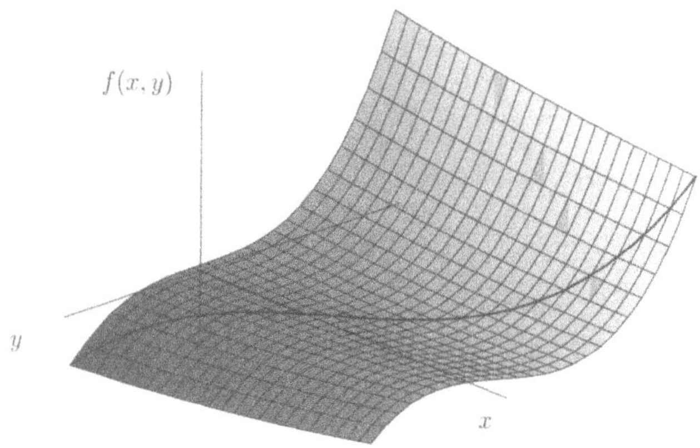

Abbildung 6.2: Graf der Funktion f $(x \in [0, 15], y \in [-12, 18])$ und Funktionswerte unter der Nebenbedingung $2x = y + 12$

114►A

Lösung 6.3

(a) Zur Bestimmung der Richtungsableitung berechnet man zunächst den Gradienten

$$\operatorname{grad} f(x, y) = (\mathrm{e}^{x+y} - \mathrm{e}^{-x}, \mathrm{e}^{x+y} - 1), \quad (x, y) \in \mathbb{R}^2$$

Daraus folgt

$$\operatorname{grad} f(\ln(2), \ln(3)) = (\mathrm{e}^{\ln(2)+\ln(3)} - \mathrm{e}^{-\ln(2)}, \mathrm{e}^{\ln(2)+\ln(3)} - 1) = (6 - \tfrac{1}{2}, 5) = (\tfrac{11}{2}, 5)$$

Die Richtungsableitung in Richtung von $v = (v_1, v_2)' = \frac{1}{\sqrt{2}}(1, -1)'$ ist gegeben durch

$$f_x(\ln(2), \ln(3)) \cdot v_1 + f_y(\ln(2), \ln(3)) \cdot v_2 = \tfrac{11}{2} \cdot \tfrac{1}{\sqrt{2}} - 5 \cdot \tfrac{1}{\sqrt{2}} = \tfrac{1}{\sqrt{2}}(\tfrac{11}{2} - 5) = \tfrac{1}{2\sqrt{2}}$$

(b) • Notwendige Bedingung:

$$\begin{aligned} f_x(x,y)=0 \wedge f_y(x,y)=0 &\iff e^{x+y}-e^{-x}=0 \wedge e^{x+y}-1=0 \\ &\iff x+y=-x \wedge x+y=0 \\ &\iff x=0 \wedge y=0 \end{aligned}$$

• Hinreichende Bedingung: Mit $f_{xx}(x,y) = e^{x+y}+e^{-x}$, $f_{yy}(x,y) = e^{x+y}$ und $f_{xy}(x,y)=e^{x+y}$ folgt

$$f_{xx}(0,0)\cdot f_{yy}(0,0)-(f_{xy}(0,0))^2 = 2\cdot 1-1^2 = 1>0 \quad\text{und}\quad f_{xx}(0,0)=2>0$$

Somit hat f an der Stelle $(0,0)$ ein lokales Minimum.

(c) Auflösen der Nebenbedingung nach y liefert $y=2-x$. Setzt man dies in f ein, erhält man

$$\tilde{f}(x)=f(x,2-x)=e^{x+2-x}+e^{-x}-(2-x)=e^{-x}+x+e^2-2, \quad x\in\mathbb{R}$$

Für diese Funktion einer Variablen überprüft man die notwendige und hinreichende Bedingung:

$$\begin{aligned} \tilde{f}'(x)=-e^{-x}+1=0 &\iff e^{-x}=1 \iff x=0 \\ \tilde{f}''(x)=e^{-x},\ x\in\mathbb{R} &\implies \tilde{f}''(0)=1>0 \end{aligned}$$

Also hat $\tilde{f}$ ein lokales Minimum in $x=0$. Folglich hat f unter der Nebenbedingung $y=2-x$ ein lokales Minimum in $(x,y)=(0,2)$.

Lösung 6.4

114►A

(a) • Notwendige Bedingung:

$$\operatorname{grad} f(x,y)=0 \iff \begin{cases} 2x+3-y=0 \\ 4y-x=0 \end{cases} \iff \begin{cases} 7y=-3 \\ 4y=x \end{cases} \iff \begin{cases} y=-\frac{3}{7} \\ x=-\frac{12}{7} \end{cases}$$

Somit ist $(x_0,y_0)=(-\frac{12}{7},-\frac{3}{7})$ der einzige stationäre Punkt von f.

• Hinreichende Bedingung: Mit $f_{xx}(x,y)=2$, $f_{yy}(x,y)=4$ und $f_{xy}(x,y)=-1$ folgt

$$f_{xx}(x_0,y_0)\cdot f_{yy}(x_0,y_0)-(f_{xy}(x_0,y_0))^2 = 2\cdot 4-(-1)^2=7>0$$

Folglich hat f in $(-\frac{12}{7},-\frac{3}{7})$ ein lokales Extremum. Wegen $f_{xx}(x_0,y_0)=2>0$ ist dies ein lokales Minimum.

• Funktionswert: $f(-\frac{12}{7},-\frac{3}{7})=\frac{144}{49}+\frac{2\cdot 9}{49}+\frac{-36}{7}-\frac{36}{49}=\frac{162-288}{49}=-\frac{126}{49}=-\frac{18}{7}$

(b) • *mit Lagrange-Verfahren:*
Lagrangefunktion: $L(x,y,\lambda)=x^2+2y^2+3x-xy+\lambda(2x+y-4)$

$$\begin{aligned} L_x(x,y,\lambda)=2x+3-y+2\lambda=0 &\iff \text{(I)}\quad y=2x+2\lambda+3 \\ L_y(x,y,\lambda)=4y-x+\lambda=0 &\iff \text{(II)}\quad \lambda=x-4y \\ L_\lambda(x,y,\lambda)=2x+y-4=0 &\iff \text{(III)}\quad x=2-\tfrac{1}{2}y \end{aligned}$$

Einsetzen von (III) in (II) liefert:

$$\text{(II')} \quad \lambda = 2 - \tfrac{1}{2}y - 4y = 2 - \tfrac{9}{2}y$$

Einsetzen von (III) und (II') in (I) liefert:

$$y = 2(2 - \tfrac{1}{2}y) + 2(2 - \tfrac{9}{2}y) + 3 = 4 - y + 4 - 9y + 3 = 11 - 10y$$

Löst man dies nach y auf, so erhält man $y = 1$. Dies wiederum führt durch Auswerten von (III) zu $x = 2 - \frac{1}{2} = \frac{3}{2}$ sowie durch Auswerten von (II') zu $\lambda = 2 - \frac{9}{2} = -\frac{5}{2}$. Der einzige stationäre Punkt von f unter der Nebenbedingung ist folglich $(\frac{3}{2}, 1)$.

- *mit Variablensubstitution:*

$$\tilde{f}(x) = x^2 + 2(4 - 2x)^2 + 3x - x(4 - 2x) = 11x^2 - 33x + 32, \; x \in \mathbb{R}$$
$$\tilde{f}'(x) = 22x - 33 = 0 \iff x = \tfrac{33}{22} = \tfrac{3}{2}$$

$\tilde{f}$ hat somit einen stationären Punkt in $x = \frac{3}{2}$. Setzt man dies in die Nebenbedingung ein, erhält man $y = 4 - 2 \cdot \frac{3}{2} = 1$. Der einzige stationäre Punkt von f unter der Nebenbedingung ist somit $(\frac{3}{2}, 1)$. Wegen $\tilde{f}''(x) = 22 > 0$, $x \in \mathbb{R}$, ist dies ein lokales Minimum.

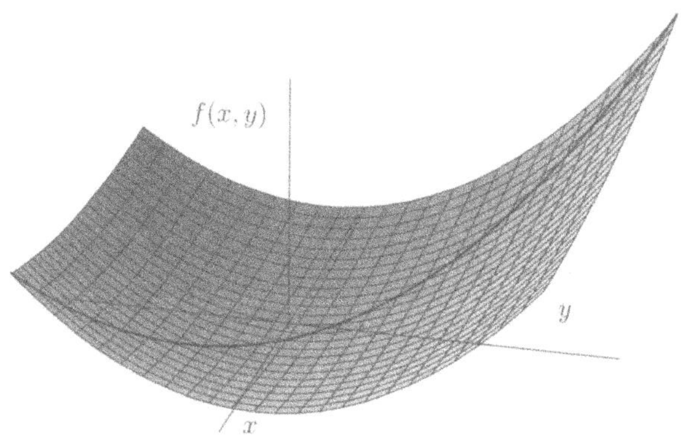

Abbildung 6.3: Graf der Funktion f ($x \in [-10, 10], y \in [-16, 24]$) und Funktionswerte unter der Nebenbedingung $2x + y = 4$

115►A Lösung 6.5

(a) Die Nebenbedingung ist äquivalent zu $x + y - 1 = 0$, somit lautet die Lagrangefunktion

$$L(x, y, \lambda) = 5xy - x^2 - y^2 + \lambda(x + y - 1), \quad (x, y, \lambda) \in \mathbb{R}^3$$

Mögliche Extremalstellen von f unter der Nebenbedingung erhält man durch Lösen des folgenden Gleichungssystems

$$\begin{aligned} L_x(x,y,\lambda) &= 5y-2x+\lambda &= 0 \\ L_y(x,y,\lambda) &= 5x-2y+\lambda &= 0 \\ L_\lambda(x,y,\lambda) &= x+y-1 &= 0 \end{aligned}$$

Die Subtraktion der ersten beiden Gleichungen ergibt $x = y$, womit aus der dritten Gleichung folgt

$$x = \tfrac{1}{2} \quad \text{und} \quad y = \tfrac{1}{2}$$

Somit erhält man mit dem Lagrangeverfahren den Punkt $(\frac{1}{2}, \frac{1}{2})$ als einzigen möglichen Extremalpunkt von f unter der Nebenbedingung $x + y = 1$.

(b) Löst man die Nebenbedingung nach y auf und setzt dies in $f(x, y)$ ein, erhält man die folgende Funktion einer Variablen

$$\tilde{f}(x) = f(x, 1-x) = 5x(1-x) - x^2 - (1-x)^2 = -7x^2 + 7x - 1, \quad x \in \mathbb{R}$$

Für die Funktion $\tilde{f}$ wird nun die notwendige und hinreichende Bedingung überprüft

$$\begin{aligned} \tilde{f}'(x) = -14x + 7 = 0 &\iff x = \tfrac{7}{14} = \tfrac{1}{2} \\ \tilde{f}''(x) = -14,\ x \in \mathbb{R} &\implies \tilde{f}''(\tfrac{1}{2}) < 0 \end{aligned}$$

Somit hat $\tilde{f}$ ein lokales Maximum an der Stelle $x = \frac{1}{2}$ mit $\tilde{f}(\frac{1}{2}) = -\frac{7}{4} + \frac{7}{2} - 1 = \frac{3}{4}$. Folglich hat f an der Stelle $(\frac{1}{2}, \frac{1}{2})$ ein lokales Maximum unter der Nebenbedingung $x + y = 1$ mit $f(\frac{1}{2}, \frac{1}{2}) = \frac{3}{4}$.

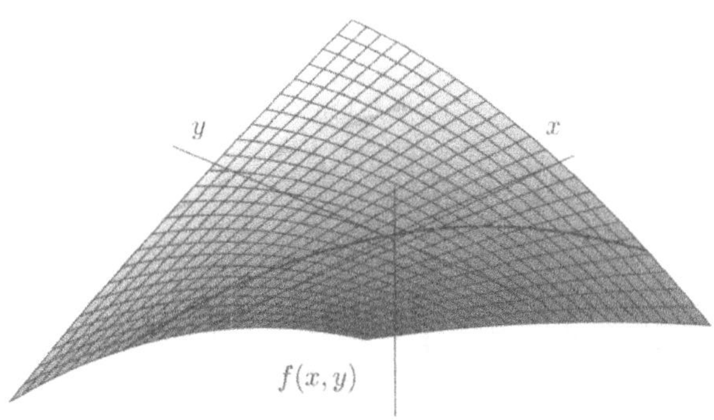

Abbildung 6.4: Graf der Funktion f ($x \in [-10, 10], y \in [-16, 24]$) und Funktionswerte unter der Nebenbedingung $x + y = 1$

115▶A **Lösung 6.6**

(a) • Notwendige Bedingung: **grad** $f(x,y) = 0$

$$\begin{aligned} f_x(x,y) = 0 \wedge f_y(x,y) = 0 &\Longleftrightarrow -4x - y - 2 = 0 \wedge -x - 2 = 0 \\ &\Longleftrightarrow y = -2 - 4x \wedge x = -2 \\ &\Longleftrightarrow y = 6 \wedge x = -2 \end{aligned}$$

• Hinreichende Bedingung: Mit $f_{xx}(x,y) = -4$, $f_{yy}(x,y) = 0$ und $f_{xy}(x,y) = -1$ ergibt sich

$$f_{xx}(-2,6) \cdot f_{yy}(-2,6) - (f_{xy}(-2,6))^2 = (-4) \cdot 0 - (-1)^2 = -1 < 0$$

Somit hat f kein lokales Extremum.

(b) Einsetzen der Nebenbedingung $y = 1 - x^2$ in f liefert

$$\tilde{f}(x) = f(x, 1 - x^2) = -2x^2 - x(1 - x^2) - 2(1 - x^2) - 2x + 1 = x^3 - 3x - 1, \; x \in \mathbb{R}$$

Für diese Funktion einer Variablen werden die notwendige und hinreichende Bedingung für Extremalstellen untersucht:

$$\tilde{f}'(x) = 3x^2 - 3 = 0 \iff x^2 = 1 \iff x = -1 \vee x = 1$$

$$\tilde{f}''(x) = 6x, \; x \in \mathbb{R} \implies \begin{cases} \tilde{f}''(-1) = -6 < 0 \\ \tilde{f}''(1) = 6 > 0 \end{cases}$$

Somit hat $\tilde{f}$ in $x = -1$ ein lokales Maximum und in $x = 1$ ein lokales Minimum, so dass f unter der Nebenbedingung $y + x^2 = 1$ ein lokales Maximum in $(x,y) = (-1,0)$ sowie ein lokales Minimum in $(x,y) = (1,0)$ hat.

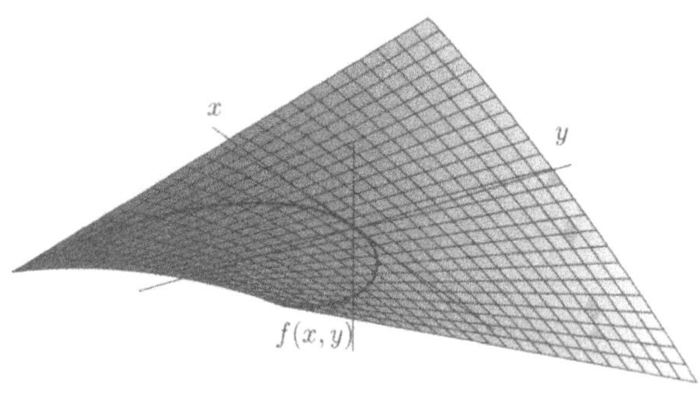

Abbildung 6.5: Graf der Funktion f ($x \in [-10,10], y \in [-100,100]$) und Funktionswerte unter der Nebenbedingung $y = 1 - x^2$

Lösung 6.7 Die Nebenbedingung ist äquivalent zu $(x-y)^2-1=0$. Damit ist die zugehörige Lagrangefunktion für $(x,y,\lambda) \in \mathbb{R}^3$ gegeben durch 115▶A

$$L(x,y,\lambda) = e^{x-y^2} + 5 + \lambda\left((x-y)^2 - 1\right) = e^{x-y^2} + 5 + \lambda x^2 + \lambda y^2 - 2\lambda xy - \lambda$$

Gemäß Hinweis ergibt sich die Maximalstelle der Funktion f unter der gegebenen Nebenbedingung als (eine) Lösung des folgenden Gleichungssystems:

$$\begin{aligned} L_x(x,y,\lambda) &= e^{x-y^2} + 2\lambda x - 2\lambda y &&= 0 \qquad \text{(I)}\\ L_y(x,y,\lambda) &= e^{x-y^2}(-2y) + 2\lambda y - 2\lambda x &&= 0 \qquad \text{(II)}\\ L_\lambda(x,y,\lambda) &= (x-y)^2 - 1 &&= 0 \qquad \text{(III)} \end{aligned}$$

Die Addition der Gleichungen (I) und (II) liefert

$$\underbrace{e^{x-y^2}}_{>0}(1-2y) = 0 \iff 1-2y=0 \iff y=\frac{1}{2}$$

Einsetzen von $y=\frac{1}{2}$ in (III) ergibt

$$\left(x-\frac{1}{2}\right)^2 = 1 \iff x-\frac{1}{2} \in \{-1,1\} \iff x \in \left\{-\frac{1}{2}, \frac{3}{2}\right\}$$

Somit sind (gemäß Hinweis) $(x_1,y_1) = \left(-\frac{1}{2},\frac{1}{2}\right)$ und $(x_2,y_2) = \left(\frac{3}{2},\frac{1}{2}\right)$ die einzigen möglichen Maximalstellen von f unter der gegebenen Nebenbedingung. Für die zugehörigen Funktionswerte gilt

$$f(x_1,y_1) = e^{-1/2-1/4} + 5 = e^{-3/4} + 5 < e^{5/4} + 5 = e^{3/2-1/4} + 5 = f(x_2,y_2)$$

Somit folgt, dass die Funktion f unter der Nebenbedingung $(x-y)^2=1$ in $(x_2,y_2) = \left(\frac{3}{2},\frac{1}{2}\right)$ ein Maximum mit zugehörigem Funktionswert $f(x_2,y_2) = e^{5/4}+5$ besitzt.

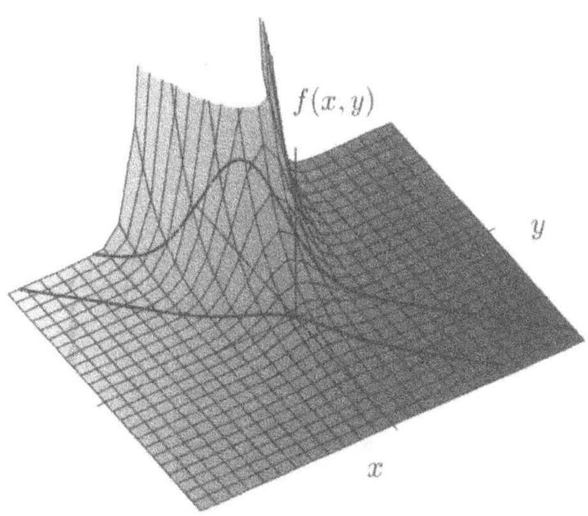

Abbildung 6.6: Graf der Funktion f ($x \in [-4,4], y \in [-5,5]$) und Funktionswerte unter der Nebenbedingung $(x-y)^2=1$

www.ingramcontent.com/pod-product-compliance
Lightning Source LLC
LaVergne TN
LVHW060621300926
849162LV00008B/1674
9783486577013